Atelier 10

Catalyseur et connecteur des forces vives du Québec nouveau, Atelier 10 est une entreprise sociale œuvrant au développement de projets susceptibles de nous permettre de mieux comprendre les enjeux de notre époque, de prendre part activement à la vie de notre société et de mener une existence plus signifiante et satisfaisante.

156, rue Beaubien Est, Montréal (Québec) H2S 1R2
info@atelier10.ca · atelier10.ca · 514 270-2010

Adhérant aux plus hautes normes de transparence, de responsabilité sociale et de performance environnementale, Atelier 10 détient la prestigieuse certification internationale B Corporation.

Partenaires associés

PIÈCE 13
J'AIME HYDRO

DIRECTION
Nicolas Langelier

DIRECTION ÉDITORIALE, *PIÈCES*
Justin Laramée

COORDINATION ÉDITORIALE
Caroline R. Paquette

RÉVISION
Johanne Viel

CORRECTION D'ÉPREUVES
Liette Lemay, rév. a.

**DESIGN DE LA COUVERTURE
ET CONCEPTION TYPOGRAPHIQUE**
Jean-François Proulx, Balistique.ca

ILLUSTRATIONS
Mathilde Corbeil

DIFFUSION / DISTRIBUTION AU CANADA
Flammarion / Socadis

DISTRIBUTION EN EUROPE
Librairie du Québec à Paris

ATELIER 10
156, rue Beaubien Est
Montréal (Québec) H2S 1R2
info@atelier10.ca
514 270-2010

atelier10.ca

© Atelier 10 et Christine Beaulieu, 2017

Dépôt légal
Bibliothèque et Archives nationales du Québec, 2017
Bibliothèque et Archives Canada, 2017

ISBN version imprimée 978-2-89759-271-4
ISBN version numérique (EPUB) 978-2-89759-273-8
ISBN version numérique (PDF) 978-2-89759-272-1

Catalogage avant publication de Bibliothèque et
Archives nationales du Québec et Bibliothèque
et Archives Canada

Beaulieu, Christine, 1981-

J'aime Hydro

(Pièces)
Pièce de théâtre.
Publié en formats imprimé(s) et électronique(s).

ISBN 978-2-89759-271-4
ISBN 978-2-89759-272-1 (PDF)
ISBN 978-2-89759-273-8 (EPUB)

I. Atelier 10 (Organisme). II.Titre. III. Collection : Pièces
(Atelier 10 (Organisme)).

PS8603.E372J3 2017   C842'.6   C2017-941780-0
PS9603.E372J3 2017   C2017-941781-9

Nous remercions le ministère du Patrimoine canadien,
le Conseil des arts du Canada et le gouvernement du
Québec, par l'intermédiaire de la SODEC, pour leur
soutien financier à nos activités d'édition.

Canadä

 Conseil des arts   Canada Council
du Canada   for the Arts

SODEC
Québec

CHRISTINE BEAULIEU
J'AIME HYDRO

Pièces A|O

À propos de la pièce

Le premier épisode de *J'aime Hydro* a été créé au festival OFFTA 2015. Les épisodes 1 à 3 ont été présentés pour la première fois au Centre du théâtre d'Aujourd'hui, à Montréal, dans le cadre du festival TransAmériques 2016. L'intégrale (cinq épisodes) a été présentée en avril 2017 à l'Usine C, à Montréal.

ÉQUIPE À LA CRÉATION

Texte et recherche Christine Beaulieu
Conseil à la dramaturgie Annabel Soutar
Mise en scène Philippe Cyr
Distribution Christine Beaulieu, Mathieu Gosselin et Mathieu Doyon
Illustrations Mathilde Corbeil
Environnement sonore et diffusion Frédéric Auger, assisté de David Blouin
Conception sonore Mathieu Doyon
Assistance à la mise en scène / régie Mariflore Véronneau et Martine Richard
Décor Odile Gamache
Conception vidéo Gonzalo Soldi et Thomas Payette, assistés de Hugues Caillères
Éclairages Erwann Bernard
Costumes Julie Breton

Une coproduction de Porte Parole, Champ gauche et festival TransAmériques.

Note de l'auteure
Tous les évènements et les personnages de cette pièce sont véridiques. Les répliques des intervenants ont été retranscrites à partir d'enregistrements de nos discussions.

La version du texte publiée dans ce livre est celle qui a été jouée le 22 juillet 2017, à l'Usine C, dans le cadre du festival Juste pour rire.

Personnages

Christine Beaulieu
Christine.

Mathieu Gosselin
Mathieu Gosselin, Hugo Latulippe, Roy Dupuis, Alexandre Taillefer, Gaétan Frigon, Annabel Soutar, Jean-Pierre Finet, Farès Khoury, Thomas Edison, Alain Saladzius, Guillaume Demers, Krishnan Namboodri, Papa, Beau-frère, Jean-François Blain, Pierre-Luc Desgagné, Pierre Couture, Philippe Cyr, Ti-Jean Proulx, Bernard Gauthier, Pierre Cormier, Berchmans Boudreau, Joël Malec, Jacques Gélineau, Jean-Pierre Perron, Amoureux, Rita Mestokosho, Conseiller en énergie anonyme, Jean-Thomas Bernard, Youri Chassin et Éric Martel.

Mathieu Doyon
Mathieu Doyon, Régisseur de plateau, Danièle Henkel, François Lambert, Animateur de l'audience, Nikola Tesla, Réceptionniste de l'hôtel, Ginette Paquet et Serveur italien.

Jean-Charles Piétacho, Réjean Porlier et Pierre Arcand.

J'AIME HYDRO

Prélude

Noir. On entend seulement la voix des comédiens.

CHRISTINE	Bonsoir, tout le monde. Vous m'entendez bien ? *(Réponse du public)* Super. C'est Christine Beaulieu qui vous parle, je suis en coulisses avec mon partenaire de jeu, Mathieu Gosselin.
MATHIEU GOSSELIN	Bonsoir.
CHRISTINE	Et le concepteur sonore du spectacle, Mathieu Doyon.
MATHIEU DOYON	Bonsoir.
CHRISTINE	On vous invite à éteindre vos sonneries de téléphone et à repérer les sorties de secours. La représentation de ce soir sera aussi diffusée en *streaming* sur le web.
MATHIEU GOSSELIN	En français, Christine, ça veut dire quoi ? Que le spectacle va être disponible comme une émission de radio en direct sur internet ?
CHRISTINE	Exactement, Mathieu. Et je suis un peu énervée parce que mes parents vont nous écouter en même temps qu'on va jouer le spectacle, de leur maison à Pointe-du-Lac.

MATHIEU GOSSELIN	Ah, wow, OK! Salut, les parents de Christine!
CHRISTINE	Non non! Là, ils nous entendent pas, le *streaming* est pas commencé, on est encore en coulisses.
MATHIEU GOSSELIN	Ah, ben ouais!
CHRISTINE	Fred? Martine? On est-tu prêts?
MARTINE ET FRÉDÉRIC	*(De la régie)* Oui!
CHRISTINE	Parfait. On vous souhaite un très bon spectacle, on lance le *streaming* dans cinq, quatre, trois, deux…

Épisode 1
MATIÈRE PREMIÈRE

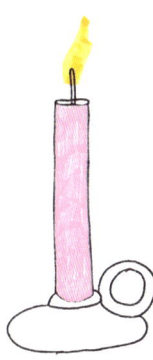

Musique d'ouverture d'épisode.
Lumière.

CHRISTINE

Parce que je suis Québécoise.
Parce que j'ai la conviction que la nature humaine est intrinsèquement bonne.
Parce que je pense qu'on peut dialoguer même si on a des opinions différentes.
Parce que je sais que je pars de zéro et que je suis pas crédible comme agente d'information sur l'énergie.
Parce que j'ai des craintes pour l'avenir.
Parce que mon «j'aime» est sincère.
Bienvenue à l'épisode 1 de *J'aime Hydro*, «Matière première».

1. LA SURPRENANTE VERTU DE L'IGNORANCE

CHRISTINE

La première fois que l'engagement social et les décisions d'Hydro-Québec se sont présentés à moi en même temps, c'était dans le hall de la Cinémathèque québécoise, aux Rendez-vous du cinéma québécois, en février 2011. J'avais 29 ans, je sortais d'une projection de plusieurs courts métrages, dont un sur lequel j'avais travaillé. Je suis allée m'acheter une bouteille d'eau, je niaisais dans le hall, et là, des spectateurs sont sortis d'une autre salle. Y en avait plusieurs qui portaient des T-shirts avec une prise électrique qui coule, ça parlait fort, l'ambiance était très chargée... Je dirais entre la colère et le découragement. Je me suis dit «Mais quel film peut faire cet effet-là?». J'ai reconnu une seule personne, Hugo Latulippe, qui est un cinéaste particulièrement engagé, et je sais pas du tout ce qui m'a pris, ce soir-là, mais j'ai décidé d'aller lui parler.

CHRISTINE — Allo, Hugo.

HUGO LATULIPPE — Allo.

CHRISTINE — On se connait pas, mais je suis la cousine de Maureen. *(Au public)* Bon, pas rapport comme intro, vous allez me dire… mais ma cousine est une femme très impliquée socialement et elle me parlait souvent de son admiration pour son ami Hugo.

HUGO LATULIPPE — Ah, OK, elle est super, Maureen.

CHRISTINE — Je me demandais, de quel film vous sortez, de même ?

HUGO LATULIPPE — *Chercher le courant*, c'est un documentaire sur la Romaine avec Roy Dupuis.

CHRISTINE — La Romaine ?

HUGO LATULIPPE — Tu sais pas c'est quoi, la Romaine ?

CHRISTINE — Non. Je connais la salade, mais… *(rire)* ça me surprendrait que Roy Dupuis fasse un documentaire sur une sorte de salade…

HUGO LATULIPPE — Ouin, non… C'est une grande rivière vierge sur la Côte-Nord qui va bientôt être saccagée par des barrages hydroélectriques.

CHRISTINE — Oh, OK.

HUGO LATULIPPE — L'équipe du film est allée la descendre en canot avant qu'on ne puisse plus jamais le faire.

CHRISTINE — Ah, OK, wow.

HUGO LATULIPPE — Et toi ?

MATHIEU DOYON — *(Sur scène, il commente l'action)* Hugo regarde l'accréditation du festival dans le

	cou de Christine.
HUGO LATULIPPE	*(Impressionné)* Tu es cinéaste ?
CHRISTINE	Ouin, non, pas vraiment. Pas du tout, en fait. J'ai fait un film de même, pour le *fun*.
HUGO LATULIPPE	Ah.
CHRISTINE	*(Au public)* Ouach, tsé, j'ai fait un film « de même, pour le *fun* ». Hugo, lui, il fait jamais des films « pour le *fun* », il fait tout le temps des films super engagés, qui veulent vraiment dire quelque chose pour l'avenir de notre société, comme—
HUGO LATULIPPE	*(Au public) Bacon, le film.*
CHRISTINE	*(Au public)* Sur l'industrie porcine.
HUGO LATULIPPE	*(Au public) Manifestes en série*, *Alphée des étoiles*…
CHRISTINE	*(Au public)* Tsé, moi, la *twit*, j'ai osé faire un film « pour le *fun* »… *(À Hugo)* Ouin, non… Je suis plus comédienne, en fait.
HUGO LATULIPPE	Ah, ouin ? *(Temps, il cherche)* Je t'ai jamais vue. Mais tsé, j'écoute pas ben ben la TV. En tout cas, tu devrais le regarder, le film *Chercher le courant*.
CHRISTINE	Oui, c'est sûr et certain que je vais le regarder. *(Petit froid)* Bonne soirée.
HUGO LATULIPPE	Bye.
CHRISTINE	*(Au public)* Bon, sérieusement, avec ma bouteille en plastique, mon film « pour le *fun* » et mon ignorance de la Romaine, je m'étais vraiment sentie comme une deux de pique avec zéro conscience environnementale. Ça, c'était il y a six ans.

Leurs discussions étaient très enflammées, et je me souviens que j'avais ressenti de la déception de ne pas pouvoir comprendre ce qui les animait autant. À ce moment-là, ma perception était que le documentaire *Chercher le courant* devait être un film qui s'opposait à des barrages hydroélectriques pour des raisons environnementales. Et je m'étais dit « Bon, l'hydroélectricité, c'est certain que c'est pas parfait, mais en même temps c'est pas mal mieux que les autres façons de faire de l'électricité, me semble. Le charbon, c'est polluant, le nucléaire, c'est dangereux, le gaz de schiste... Un moment donné, faut ben faire de l'électricité d'une manière ou d'une autre ! ».

Je m'étais dit ça.

Et puis, c'est tout. Je veux dire, j'ai fait aucune espèce de démarche pour voir ce film-là. Je sais pas pourquoi. D'autres intérêts ont pris le dessus, j'imagine. La vie a suivi son cours.

Répéter au théâtre.
Jouer au théâtre.
Aller au cinéma.
Écouter le hockey.
Taper sur des casseroles.
Aller à la fête d'une amie.

Lire un scénario.
Écouter *Dans l'œil du dragon* (ça, j'aime ben ça).
Faire du yoga.
Faire du vélo.
Jouer à la balle molle.
Voir ma famille.
Essayer d'avoir une relation amoureuse qui a de l'allure (ça, ça prend beaucoup de temps).
M'acheter une TV.
M'acheter une maison.
Aller voter.
Payer mes taxes, mes impôts.
Faire mon épicerie.
Passer des auditions.
Voir Jean Charest perdre ses élections.
Tourner dans ci, dans ça.
Écouter les nouvelles —

Et voir que le projet de barrages sur la rivière Romaine était déjà bien avancé. Me dire « Aaaaah, c'est ben de valeur, visiblement le film n'a pas eu l'impact souhaité… Faudrait ben que je le voie, ce film-là… C'est quoi le titre de ce film-là, déjà ? ».

Lancer des balles molles.
Faire un voyage au Vietnam.
Découvrir la bouffe coréenne.
Me baigner.

Ramasser des pétoncles dans le fond de la baie des Chaleurs.
Jouer au théâtre d'été avec une tête de renard sur la tête qui m'empêche de voir devant moi.
Regarder *Homeland* en rafale.
M'acheter des produits de beauté.
Pogner un *ticket* de vitesse.
Me chicaner.
Me séparer.
Pleurer —

Puis recevoir un appel à l'automne 2013 et me faire offrir le rôle de Marianne dans le long métrage *Ceci n'est pas un polar*, aux côtés de Roy Dupuis. Bah! Pas pire acteur. Mais, surtout, grand défenseur de nos rivières.

Rivière. *(Ding)*
Romaine. *(Ding)*
Film! *(Ding)*

Pas plus regardé.

2. LE COMPLEXE DU CASTOR

MATHIEU DOYON	Montréal, novembre 2013. Roy Dupuis et Christine partagent la même roulotte de tournage sur le plateau du film *Ceci n'est pas un polar*. Ils sont face à face et ne savent pas quoi se dire.
CHRISTINE	Sont-tu bons, tes sushis ?
ROY DUPUIS Acteur, cofondateur et porte-parole de la Fondation Rivières	*(Voix grave et chaude)* Ouin. *(Temps)* Toé, c'est-tu bon, ton affaire ?
CHRISTINE	Ouin. Tu veux-tu y gouter ?
ROY DUPUIS	Euh, ouin.
MATHIEU DOYON	Roy prend une bouchée avec la fourchette de Christine.
ROY DUPUIS	Hum, ouin, pas pire.
CHRISTINE	*(Au public)* Je dois vous avouer qu'au début du tournage, j'étais un peu intimidée, comme impressionnée par mon partenaire de travail. J'ai voulu connecter avec lui d'une manière particulière, alors j'ai cru bon de m'intéresser à ce qui le passionne.

	(À Roy Dupuis) Pis, ta Fondation Rivières, comment ça va ?
ROY DUPUIS	J'ai toujours été positif, mais cette année, je suis un peu amer.
CHRISTINE	Ben voyons, comment ça ?
ROY DUPUIS	J'ai l'impression que la problématique de l'hydroélectricité, c'est trop complexe pour que les gens comprennent.
CHRISTINE	Tant que ça ?
ROY DUPUIS	On n'a jamais le temps d'aller assez en profondeur pour tout expliquer. On n'a pas le temps dans une entrevue à la radio ou à la TV ou dans un article de journal. Même avec le film d'Alexis pis Nicolas, *Chercher le courant*… L'as-tu vu ?
MATHIEU DOYON	Christine se sent nounoune.
CHRISTINE	Non, je l'ai pas vu…
ROY DUPUIS	Ben là-dedans, pourtant, on prend le temps d'expliquer toutes les alternatives.
CHRISTINE	Les alternatives ?
ROY DUPUIS	La problématique de l'hydroélectricité, présentement, c'est pas que c'est pas bon. C'est « On en a-tu besoin ? ».
CHRISTINE	Qu'est-ce que tu veux dire ?
ROY DUPUIS	Ben, c'est comme si Hydro-Québec était rendue une manufacture à barrages ! Nous autres, on appelle ça *le complexe du castor*.
CHRISTINE	*(Amusée)* Le complexe du castor ?
ROY DUPUIS	Un castor, ça construit des barrages ?
CHRISTINE	Ouin.
ROY DUPUIS	Ben, nous autres, les Québécois, c'est ça qu'on fait. On fait des barrages !

CHRISTINE	Ah.
ROY DUPUIS	*(Jouant le castor fier)* «On est bons là-dedans! On fait ça, nous autres!»
CHRISTINE	Ouin! *(Rire)*
ROY DUPUIS	«M'as t'en faire un, barrage! Où c'est qu'tu l'veux?» *(Christine rit)* «Mais on n'en a pas de besoin!» «Pas grave, ostie! On crée de l'emploi avec ça! C'est un beau barrage, là. Tu vas voir, on va faire de l'argent en vendant l'électricité aux États-Unis!» Sauf que le prix qu'on la vend est quasiment la moitié de ce que ça nous coute.
CHRISTINE	Hein? Pourquoi on la vend pas au moins au prix qu'elle nous coute?
ROY DUPUIS	Parce qu'aujourd'hui, le prix du marché de l'électricité est rendu plus bas que nos couts de production.
CHRISTINE	Ben voyons donc!
ROY DUPUIS	Personne réagit! Au début, je me disais «Bon, le monde réagit pas parce que c'est *juste* un problème environnemental». Mais là, c'est un problème économique!
CHRISTINE	Ah, ouin?
ROY DUPUIS	On en a déjà trop, d'électricité! On a des surplus! Et c'est pas rentable de faire ces barrages-là.
CHRISTINE	Tu veux dire que là, on ferait des barrages pas rentables pour quelque chose dont on n'a pas besoin?

Temps. Ils se regardent, comme hypnotisés.

RÉGISSEUR DE PLATEAU	Roy, Christine, on reprend dans cinq minutes.
ROY ET CHRISTINE	OK, merci, on arrive.
ROY DUPUIS	C'est quoi la scène qu'on s'en va faire, déjà ?
CHRISTINE	Euh... Tsé, la scène où tu me donnes des fleurs pis je sais pas trop quoi faire avec...
ROY DUPUIS	*(Enthousiaste)* Ah ouais, OK.
MATHIEU DOYON	Extrait du film *Ceci n'est pas un polar*. Il entre et lui donne des fleurs.
MARIANNE (PERSONNAGE DE CHRISTINE DANS LE FILM)	Hein ? Euh, ben merci, c'est super. Rentre.

MATHIEU DOYON	Dans l'extrait, Christine s'approche de Roy, elle lui touche... euh, elle lui tâte le... le... paquet—
CHRISTINE	OK, c'est beau ! Franchement, Mathieu, « le paquet » !

3. LA ~~SURPRENANTE~~ TRÈS SURPRENANTE VERTU DE L'IGNORANCE

CHRISTINE — La possibilité qu'on soit en train de harnacher nos rivières au Québec sans avoir de bons arguments économiques m'avait vraiment… étonnée.
En vérité, j'étais incapable de croire à ça. Vendons-nous vraiment notre électricité moins chère que ce qu'elle nous coute à produire ? Voyons donc ! Quel *twit* irait faire des beignes à 1 $ pour les vendre 25 ¢ ? En tout cas, un projet d'entrepreneur présenté comme ça, aux Dragons, ça ne marcherait pas pantoute ! Ils diraient tous très rapidement—

ALEXANDRE TAILLEFER — Je passe.
DANIÈLE HENKEL — Je passe.
GAÉTAN FRIGON — Je passe.
FRANÇOIS LAMBERT — Je passe.
CHRISTINE — Ça se pouvait pas ! Hydro-Québec avait certainement de très bonnes raisons de faire ça. J'étais vraiment perplexe.

Et pis c'est tout. La vie a continué.

Faire les marchés de Noël de Paris.
Manger de la tartiflette.
Boire du vin chaud.
Manger des pattes de cochons.
Essayer de construire une nouvelle relation amoureuse qui a de l'allure (ça, on le sait que ça prend beaucoup de temps).
Couper un sapin de Noël à la *chainsaw* au chalet.
Faire du ski de fond et me trouver poche.
Regarder des chevreuils.
Cuisiner un cipâte.
Demander une marge de crédit.
Apprendre du texte en anglais pour un spectacle de théâtre documentaire d'Annabel Soutar.
Regarder RDI —

Et voir Roy Dupuis et Nicolas Boisclair, le coréalisateur du film *Chercher le courant*, que j'avais toujours pas regardé, en entrevue avec Anne-Marie Dussault.

ROY DUPUIS — C'est de la mauvaise gestion de fonds publics. En plus de massacrer une rivière sauvage, une des dernières grandes rivières sauvages qui restent sur la planète, on s'en va le faire à perte, on va demander aux Québécois de contribuer et même de subventionner l'électricité des Américains !

ANNE-MARIE DUSSAULT La recommandation de *Maitriser notre avenir énergétique*, donc des messieurs Mousseau et Lanoue, c'était d'évaluer l'intérêt d'arrêter les projets Romaine.

NICOLAS BOISCLAIR Oui. Plusieurs intervenants l'ont dit lors des consultations publiques. Ce qu'ils ont dit, c'est que, économiquement, ça semble vraiment une très mauvaise idée de continuer !

CHRISTINE Là, j'ai compris qu'il y avait un rapport de commission demandé par le gouvernement qui était sorti et qui recommandait de stopper les travaux sur la rivière Romaine. Ben heille ! Je m'étais dit que ça allait surement donner de l'espoir à Roy, qui avait un creux de positivisme. Parce que, si le film *Chercher le courant* n'avait pas réussi à empêcher les barrages sur la rivière Romaine, un rapport commandé par le *gouvernement* allait certainement convaincre le *gouvernement* d'arrêter les projets de barrages.

Tsé, je m'étais dit ça.

Pis c'est tout. La vie a continué.

Faire du jogging.
M'inscrire à un demi-marathon sans trop savoir pourquoi.
Jouer au théâtre en anglais à Ottawa dans un spectacle de théâtre documentaire d'Annabel Soutar.
Me questionner sur la charte qui a un nom qui finit pus.
Re-aller voter.
Faire de la voile.
Aller en Italie.

Me demander si les barrages sont arrêtés ou pas.

Devenir marraine.
Manger des palourdes crues.
Manger des palourdes cuites.
Manger des palourdes.
Voir la mer Adriatique.

Lire que les travaux sur la Romaine continuent.

Faire du bikram yoga même si je trouve ça ben trop chaud.
Manger des huitres.
Faire des auditions.

Mais pourquoi le rapport de commission a rien changé ?

Voir Pauline Marois perdre ses élections. Tourner avec Martin Petit dans *Les pêcheurs*—

CAROLE POTVIN (CHRISTINE)
J'ai la gorge qui déclipse, crisse, revenez-en !

MARTIN PETIT
(Confus) Euh, je l'savais pas…

CAROLE POTVIN (CHRISTINE)
(En l'imitant de manière complètement exagérée) Euh, nan, no, je l'savais pas, moé !

CHRISTINE
Me faire mouler le corps pour créer une prothèse de faux seins pour le personnage de Roxanne dans le long métrage

Le mirage, de Louis Morissette et Ricardo Trogi.

ISABELLE (JULIE PERREAULT) — Heille, faut que je te dise, sont vraiment beaux, tes seins. Ton médecin a vraiment fait une bonne *job*!

ROXANNE (CHRISTINE) — Heille, mets-en, je le sais! *(À son mari)* Merci, mon amour!

MICHEL (PATRICE ROBITAILLE) — C'est super. Sont vraiment beaux!

CHRISTINE — Me questionner sur mon métier.
Me demander si mon métier est superficiel.
Me faire dire que mon métier est important, que c'est important de divertir les gens.
Croire à ça.

ÉPISODE 1   31

Mais pourquoi le gouvernement ne suit pas les recommandations du rapport demandé par le gouvernement ?

Pour me changer les idées, aller au cinéma voir *Birdman*, d'Iñárritu —

BIRDMAN
(MICHAEL KEATON)

(À sa fille, en colère) It's important to me! Alright ? Maybe not to you, or your cynical friends whose only ambition is to go viral. But to me... To me... this is — God! This is my career!

CHRISTINE

Ne pas être plus rassurée sur mon métier et les acteurs.

Être invitée à prendre un café avec une femme pour qui j'ai beaucoup d'admiration, Annabel Soutar, qui me dit qu'elle a quelque chose de confidentiel au sujet d'Hydro-Québec à me confier.

4. LE PITCH

MATHIEU DOYON — Novembre 2014, café Laïka, Montréal. Annabel pose une enregistreuse sur la table et appuie sur le bouton.

ANNABEL SOUTAR
Auteure et directrice artistique de la compagnie de théâtre documentaire Porte Parole
— *(Accent anglophone)* Écoute, Christine, je veux que tu écrives une pièce de théâtre documentaire sur Hydro-Québec !

MATHIEU DOYON — Christine est *flabbergastée*, elle ne sait pas quoi dire.

CHRISTINE — Euh...

ANNABEL SOUTAR — *(Intense)* Je suis tombée sur une situation que je ne peux pas laisser passer.

CHRISTINE — Ah oui, quoi ?

ANNABEL SOUTAR — *(Chuchote)* Alors, ce que je vais te dire est confidentiel et, comme on est en train d'enregistrer, je dois *actually* être assez vague, OK ? Je ne peux pas divulguer des noms...

CHRISTINE — OK.

ANNABEL SOUTAR	J'ai parlé à une… individu… qui organise un… une activité dans laquelle cet individu voulait que Hydro-Québec participe.
CHRISTINE	Une activité ? Un individu ?
ANNABEL SOUTAR	Je ne peux pas être plus précise. Cet individu voulait organiser une discussion au sujet de la santé d'une rivière. Je ne peux pas te dire le nom de la rivière.
CHRISTINE	Bon, OK.
ANNABEL SOUTAR	Quand il/elle a approché les entreprises qui interviennent sur la rivière, tout le monde a accepté l'invitation sauf… Hydro-Québec.
CHRISTINE	Aaaaah, ouin ?
ANNABEL SOUTAR	Hydro-Québec a refusé de venir à la table de discussion, même s'ils ont plusieurs barrages importants sur cette rivière.
CHRISTINE	Pourquoi ils refusent ?
ANNABEL SOUTAR	Ça, c'était ma question. Très bonne question, Christine ! Alors, j'ai dit « Ben pourquoi ? ». Et cet individu m'a dit que, d'après les gens d'Hydro-Québec, le discours autour des barrages est devenu trop politisé à cause de gens comme *(chuchoté)* Roy Dupuis…
CHRISTINE	*(S'en doutait)* OK.
ANNABEL SOUTAR	Le sujet est devenu tellement sensible que plus personne veut en parler en public. Et moi, chaque fois que quelqu'un me dit qu'il y a une, une, une refus de parler—
CHRISTINE	*Un* refus—

ANNABEL SOUTAR	Je me dis, « c'est là que je dois entrer »! Parce que c'est ça, le but de ma compagnie de théâtre : faire parler les gens quand ils pensent que c'est impossible de parler.
CHRISTINE	Ouais. En effet.
ANNABEL SOUTAR	Christine, je veux tellement aborder cette histoire tout de suite parce que c'est *crazy* qu'on ne peut pas parler ouvertement de nos rivières et de notre système de production d'électricité! Je me suis dit « Je ne peux pas laisser ça aller ». Et j'ai tout de suite pensé à toi.
CHRISTINE	Pourquoi moi ?
ANNABEL SOUTAR	Évidemment, à cause que tu connais le sujet un peu.
CHRISTINE	Non. Du tout.
ANNABEL SOUTAR	Tu connais un peu la Fondation Rivières.
CHRISTINE	Pas ben ben, non.
ANNABEL SOUTAR	Tu connais *(chuchote)* Roy… Mais surtout, tu connais mon travail, tu sais comment je fais une enquête documentaire, tu m'as jouée !
CHRISTINE	*(Au public)* Dans le spectacle en anglais à Ottawa dont je vous ai parlé, j'incarnais Annabel.
ANNABEL SOUTAR	*(Au public)* C'était toute une performance, *she was amazing!* *(À Christine)* C'est *urgent*, Christine. Je veux que tu aies une discussion sur la relation entre les Québécois et leur énergie… Peut-être je suis folle… Peut-être je… *I mean, I know I'm crazy!*
CHRISTINE	Peut-être un peu, ouais.

ANNABEL SOUTAR	Je te demande pas juste d'être impliquée dans ce projet-là, Christine, mais de le porter. Je veux que tu sois l'enquêteuse de ce projet.
MATHIEU DOYON	Christine a un regard affolé.
CHRISTINE	Annabel, je connais rien du tout là-dedans.
ANNABEL SOUTAR	C'est parfait de partir de rien, Christine. C'est, en fait, très important que tu partes de rien. Il faut toujours être très transparent avec notre ignorance.
CHRISTINE	Ben là, pas ben ben le choix.
ANNABEL SOUTAR	La chose primordiale, c'est qu'on soit *équilibrées* dans la recherche. Tu sais que je n'accepterais pas de faire une pièce qui fait que critiquer Hydro-Québec…
CHRISTINE	Je sais, je sais.
ANNABEL SOUTAR	Si on se campe dans une position, on n'a pas de dialogue.
CHRISTINE	Je sais, je sais.
ANNABEL SOUTAR	*(Passionnée)* Toi, t'es tannée ! Tu veux pas juste avoir des opinions !
CHRISTINE	Euh…
ANNABEL SOUTAR	Tu veux que les choses se fassent dans cette province ! Tu veux qu'il y ait une résultat de «aller à l'avant» ?
CHRISTINE	*(Pas convaincue)* Ouais ouais…
ANNABEL SOUTAR	Je suis très curieuse de savoir si toi, tu es capable de parler avec Hydro-Québec. Christine, *I need your help. I can't do this alone anymore,* je suis débordée.
MATHIEU DOYON	Christine a un regard encore plus affolé.

5. LA ~~TRÈS~~ TRÈS SURPRENANTE VERTU DE L'IGNORANCE

CHRISTINE

Ce qu'Annabel me demandait, c'était pas de jouer un personnage comme je le fais d'habitude. Elle voulait que je fasse une recherche immense, des entrevues avec du monde qui allait m'impressionner, que je transcrive ces entrevues-là, que j'écrive une pièce de théâtre alors que je suis pas du tout une auteure, que je crée un spectacle et que je me joue moi-même. Tsé, c'était pas léger, comme offre ou comme demande. Et c'était pas si payant. Alors laissez-moi vous dire que je savais pas du tout quoi faire avec ça.

Aussi, je me disais : le dossier de l'hydroélectricité ? Oui, je me sentais concernée par ça, j'ai une facture, ça me préoccupait… Mais est-ce que ça me mobilisait tant que ça ?

Pas tant.

Mais pourquoi Hydro-Québec refuserait de discuter publiquement ?

Je suis quand même une fille curieuse.

Et là, j'ai repensé au rapport. Le rapport de commission qui avait fait en sorte que Roy et Nicolas étaient allés à RDI. Je me suis dit que peut-être je trouverais une réponse là-dedans, je sais pas trop pourquoi, mais je me suis dit ça.

Faque j'ai tapé quelque chose comme « rapport énergie 2014 » sur Google. Et je l'ai trouvé ! J'étais surprise, je savais même pas qu'on avait accès aux rapports du gouvernement sur internet.

6. LE RAPPORT LANOUE-MOUSSEAU

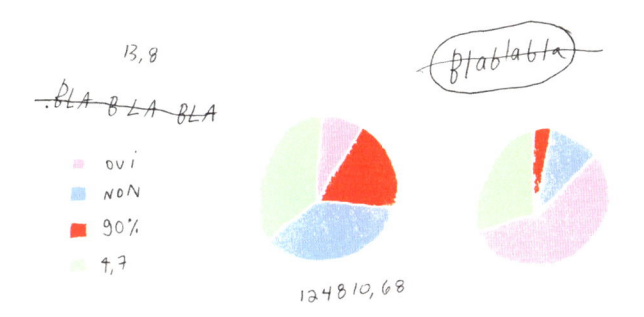

13,8

~~BLA BLA BLA~~

- oui
- NON
- 90 %
- 4,7

(Blablabla)

124 810,68

CHRISTINE

Pendant le peu de temps où le gouvernement de Pauline Marois a été au pouvoir, sa ministre des Ressources naturelles, Martine Ouellet, a donné le mandat à deux hommes, Roger Lanoue et Normand Mousseau, de mener une commission sur les enjeux énergétiques du Québec : *Maitriser notre avenir énergétique. Pour le bénéfice économique, environnemental et social de tous*[1]. Ce rapport a été publié le 2 février 2014 et il fait 308 pages. Je ne l'ai pas tout lu ce soir-là, mais voici ce que j'ai pris le temps de lire en novembre 2014.

ROGER LANOUE ET NORMAND MOUSSEAU

Au terme de nos travaux, il nous apparait clair que le principal défi énergétique du Québec n'est plus d'assurer la sécurité d'approvisionnement…

Depuis dix ans, la demande en électricité a plafonné, voire baissé, tant au Québec que sur ses marchés d'exportation…

Le prix de l'électricité produite aux États-Unis par les centrales fonctionnant au gaz de schiste a chuté de manière spectaculaire…

Malgré tout, le Québec a ajouté d'importants nouveaux moyens de production d'électricité…

CHRISTINE
: Comme la Romaine.

ROGER LANOUE ET NORMAND MOUSSEAU
: *Nous avons un surplus très important, de l'ordre de plus de 30 TWh.*

CHRISTINE
: Trente térawattheures ? C'est beaucoup ? Pas beaucoup ? C'est quoi, des térawattheures ? Je suis allée vérifier ça. Trente térawattheures équivalent à trente milliards de kilowattheures. Pour vous donner une idée, en 2016, nous avons consommé au Québec près de 170 TWh.

ROGER LANOUE ET NORMAND MOUSSEAU
: *La stratégie axée sur la construction de nouveaux projets hydroélectriques est ruineuse pour le Québec.*

CHRISTINE
: *(Affolée) Ruineuse ?!*

ROGER LANOUE ET
NORMAND MOUSSEAU

Nous suggérons que soit étudiée sans délai l'opportunité de suspendre les investissements dans le complexe de la Romaine-3 et de la Romaine-4.

CHRISTINE
Ce rapport de commission suggère de cesser d'investir dans de nouveaux projets hydroélectriques puisque l'efficacité énergétique compenserait pour toute croissance. Bon, l'efficacité énergétique, c'est quoi, exactement? Récupérer des kilowattheures au lieu d'en produire?

MATHIEU GOSSELIN
Oui, Christine, en isolant nos maisons, nos bâtiments, en prenant notre douche moins longtemps, en achetant des ampoules fluocompactes, des affaires de même…

CHRISTINE
Mon Dieu, Mathieu, t'es donc ben au courant!

MATHIEU GOSSELIN
Ben oui, j'ai déjà été engagé par Hydro-Québec pour faire un *show* de théâtre sur l'efficacité énergétique!

CHRISTINE
Ben voyons donc!

MATHIEU GOSSELIN
Oui, c'était mis en scène par Martin Faucher, ça racontait les histoires de l'inspecteur Zéro Zéro Watt et de son assistant À moitié allumé. Ça, c'était moi.

CHRISTINE
(Rire) C'était-tu payant?

MATHIEU GOSSELIN
Écoute, c'est le contrat de théâtre le plus payant de toute ma vie!

CHRISTINE
Wow. Donc, selon Lanoue et Mousseau, grâce à l'efficacité énergétique, notre consommation d'électricité au Québec

n'augmenterait pas. Depuis la sortie de ce rapport, on ne semble pas suivre toutes ses recommandations, puisqu'on continue encore aujourd'hui de construire de nouveaux barrages hydroélectriques. J'ai transféré le rapport à Annabel par courriel et elle m'a répondu très rapidement.

ANNABEL SOUTAR — *Oh, my God!* Christine! D'après ce rapport, on pourrait sauver beaucoup d'argent si on arrêtait le projet Romaine. Dans le contexte d'austérité actuel, ça devrait être une priorité, non, de cesser de construire des barrages qui nous font perdre de l'argent?

Christine, je suis extrêmement emballée par ce projet. Nous avons une très bonne situation dramatique, nous avons des personnages en opposition, il y a tout ce qu'il faut pour bâtir une histoire d'enquête palpitante.

Est-ce que tu embarques?

7. LE BIAIS DE CONFIRMATION

CHRISTINE

Je ne savais toujours pas quoi répondre à Annabel. Alors, trois ans et demi après ma rencontre avec Hugo Latulippe, j'ai finalement regardé le film *Chercher le courant*. Il était sur Tou.tv², c'était gratuit, facile, je sais pas pourquoi je l'avais pas fait avant.

JACQUES PARIZEAU
Premier ministre du
Québec de 1994 à 1996

J'avais demandé qu'on examine de très près la question suivante : est-ce que ça coute plus cher de produire un kilowattheure ou d'économiser un kilowattheure ? Vous savez que j'ai jamais eu la réponse ? J'ai eu beau la demander tous les deux mois, comme premier ministre du Québec, j'ai jamais été capable d'avoir la réponse et pourtant, c'est important.

ROY DUPUIS

Selon le plan d'ensemble de l'Agence de l'efficacité énergétique du Québec, les programmes d'efficacité énergétique coutent en moyenne trois cennes par kilowattheure, soit trois fois moins que les barrages de la rivière Romaine.

LUCE ASSELIN,
PDG, Agence de l'efficacité
énergétique du Québec

L'efficacité énergétique, c'est l'utilisation minimum de l'énergie tout en étant en mesure de subvenir à ses besoins de consommation.

NICOLAS BOISCLAIR ET
ALEXIS DE GHELDERE
Coréalisateurs du film

Ça va remplir toute la vallée derrière la montagne, jusqu'à la frontière du Labrador ou presque, parce que le réservoir va faire 150 km de long.

ROY DUPUIS

L'écosystème de la Romaine va y passer, parce qu'on n'aura pas su utiliser d'autres filières énergétiques moins couteuses, comme la biomasse, la géothermie, le solaire thermique, l'éolien, l'efficacité énergétique, à la place de l'hydroélectricité.

ANDRÉ BÉLISLE,
Président, Association
québécoise de lutte
contre la pollution
atmosphérique

Quand on aura harnaché la dernière rivière, va ben falloir faire quelque chose d'autre! Qu'est-ce qu'on va faire à ce moment-là qu'on ne saurait pas faire aujourd'hui? Ç'a pas de bon sens!

JEAN-THOMAS BERNARD
Professeur invité, science économique, Université d'Ottawa

Lorsqu'Hydro-Québec fait une opération qui est non rentable, comme développer la Romaine à 10 ¢/kWh et vendre cette électricité-là aux Américains à 5 ¢ ou 6 ¢, ou encore aux alumineries à 4,2 ¢, il y a un manque à gagner. Donc l'implication, c'est qu'Hydro aura moins de profits, et ça voudra dire naturellement moins d'argent à verser au gouvernement. Par contre, si le gouvernement veut qu'Hydro maintienne ses versements, la seule alternative d'Hydro, c'est de se tourner vers ses clients : alors on va payer à travers nos factures !

ROY DUPUIS

Je pense qu'il faut redéfinir ce que ça veut dire que d'être riche. C'est quoi, être riche ? C'est quoi, la vraie richesse ?

CHRISTINE *(Bouleversée, elle écrit)* Chère Annabel, je viens tout juste de visionner *Chercher le courant* et je suis dans l'incompréhension la plus totale. Je ne vois aucune bonne raison de faire les barrages sur la Romaine. Je suis triste de me dire que l'écosystème de cette rivière-là sera peut-être détruit sans bonnes raisons économiques. Je pense que c'est urgent que quelqu'un nous explique pourquoi on est en train de faire ces barrages-là!

Par contre, je doute très fort que je puisse, moi, avoir une réponse à cette question-là. Hydro-Québec a refusé toutes les demandes d'entrevues pour le film. Et dans le film, on voit monsieur Parizeau dire qu'il y a plus de 20 ans, alors qu'il était premier ministre, il a posé la question à savoir s'il ne serait pas mieux de récupérer des kilowattheures au lieu d'en produire. Il n'a pas eu de réponse.

Je suis désolée, Annabel, mais je pense que c'est peine perdue.

(Au public) Aussi, je m'étais dit que juste poser cette question-là au Québec, ça allait agacer des gens. Et je suis pas très bonne avec les conflits. Dès que j'ai un mini-malaise avec quelqu'un, j'angoisse et je me couche et je rêve que je fais un piquenique

avec cette personne-là, qu'on partage le même sandwich, qu'on boit à la même bouteille, qu'on est en totale symbiose... Je suis clairement une personne qui ne *deal* pas bien avec les conflits.

(À Annabel) Peut-être que toi, Annabel, tu aurais plus de chance avec cette question-là.

(Au public) J'ai écrit ça parce que ce qui rend le théâtre documentaire d'Annabel si extraordinaire, c'est sa capacité d'équilibrer le discours. Elle a été élevée en anglais par un père membre du parti Conservateur, elle a étudié aux *States*, c'est une bibitte vraiment particulière dans le milieu du théâtre québécois, et c'est exactement ça qui fait la force de ses projets. Tandis que moi, je suis une comédienne née dans la campagne québécoise, de parents francophones souverainistes. Le drapeau du Québec flotte depuis toujours dans la cour de notre maison familiale. Même au chalet! Avant même qu'il y ait une toilette dans ce chalet-là, il y avait déjà le drapeau installé sur le *top* de son mât, comme un garde, je dirais, ou une fierté portée haut par mon père. Mes parents qui nous écoutent en *streaming* en ce moment... Allo, papa, allo, maman!

Je viens de là. Je suis nécessairement biaisée par mon environnement et mon éducation. Je veux dire que j'ai une tendance naturelle à privilégier toutes les informations qui viennent confirmer mes idées préconçues et à sous-estimer toutes les informations qui les contredisent.

(À Annabel) Je suis pas comme toi, Annabel. Je suis pas une personne particulièrement équilibrée ; je suis une comédienne. Je suis une artiste avec une étiquette de gauche collée dans le front, qui habite sur le Plateau-Mont-Royal et qui vient de tourner avec Roy Dupuis. Je suis touchée que tu aies pensé à moi pour faire ce travail-là, mais je pense que tu te trompes, je pense que je ne suis pas la bonne personne pour être une petite Annabel.

Bruit d'envoi de courriel. Soulagée, Christine allume son téléviseur.

PAUL HOUDE	Cette semaine à *Dans l'œil du dragon*.
ALEXANDRE TAILLEFER	Mille dollars pour une toilette ?
PARTICIPANT	C'est cher ? C'est pas cher ?
ALEXANDRE TAILLEFER	Heille, tabarouette, c'est cher pas à peu près !
CHRISTINE	Ben voyons ! Y est malade, lui ! Mille piasses pour une toilette…

ÉPISODE 1

Bruit de réception de courriel.

ANNABEL SOUTAR

Chère Christine, quand je lis tes mots, je comprends pourquoi notre belle province est, pour utiliser ton terme, peine perdue.

Tu me dis « C'est urgent, notre plus grande richesse naturelle n'est peut-être pas gérée d'une façon saine et rentable pour l'ensemble des Québécois, mais tant pis, parce que je ne suis pas la bonne personne »… « L'avenir n'est pas ma responsabilité », c'est ça que tu me dis? C'est la responsabilité de qui, alors? Moi, *really*? Une anglo de Westmount avec un père conservateur serait la bonne personne pour faire une enquête citoyenne sur une société d'État qui a été *créée* pour rendre les Québécois francophones « maitres chez eux »? *Are you fucking kidding me, Christine?*

Une enquêteuse n'est jamais neutre. Je n'ai jamais été neutre dans mes propres enquêtes documentaires. Personne n'est neutre, *anyway*. Ce n'est pas la neutralité qui rend une enquête rigoureuse, c'est la passion de l'enquêteuse pour son sujet.

Maintenant que tu sais, tu ne peux plus te cacher sous le couvert de l'ignorance.

Ignorance is not *bliss.*

MATHIEU DOYON — Christine ouvre un nouvel onglet et tape «*ignorance is not bliss* traduction». Elle clique sur un lien et lit «l'ignorance n'est pas le bonheur».

CHRISTINE — *(Au public)* Ce soir-là, Annabel a réussi à me faire sentir responsable de cet héritage-là. En tant que Québécoise francophone, je devais quelque chose à cette grande étape de notre histoire, à la Révolution tranquille, à la nationalisation, à René Lévesque…

Est-ce que c'est René Lévesque qui a «inventé» Hydro-Québec ? Là, mon ignorance m'est vraiment tombée sur les nerfs, alors j'ai tapé «René Lévesque Hydro-Québec».

RENÉ LÉVESQUE
Premier ministre du Québec de 1976 à 1985
— Question : quel est le trust le plus pernicieux de la province de Québec ? Réponse : le trust de l'électricité. Question : de quoi est formé ce trust de l'électricité ? Réponse : de la Montreal Light, Heat and Power, de la Shawinigan Water and Power, de la Southern Canada Power, de la

ÉPISODE 1 51

Gatineau Power, etc. Et il a fallu attendre jusqu'en 1944 pour que le premier morceau du monopole de l'électricité, la Montreal Light, Heat and Power, soit nationalisé pour devenir l'Hydro-Québec.

CHRISTINE Ah, là, j'ai compris que René Lévesque n'avait pas créé Hydro-Québec. Bien avant lui, en 1944, Adélard Godbout avait déjà nationalisé l'électricité sur l'ile de Montréal.

RENÉ LÉVESQUE Et la nationalisation, c'est simplement de ramener entre les mains de 5 300 000 actionnaires — c'est-à-dire nous tous — la propriété de notre électricité. Première chose que je crois qu'il faut savoir, c'est que l'électricité, c'est notre seule source d'énergie québécoise. Vous savez, tout le reste, le charbon, le gaz, le pétrole, c'est importé de l'extérieur. L'électricité, c'est chez nous. On est plus riches de ça que n'importe qui autour de nous.

52 J'AIME HYDRO

CHRISTINE J'ai toujours trouvé un peu cliché de triper sur René Lévesque, parce que tout le monde capote sur René Lévesque. Même Annabel. Mais dans cette vidéo-là[3], je vois un politicien qui a confiance en l'intelligence du citoyen, qui est convaincu que son projet de nationalisation est bon pour tous les Québécois et qui invite un peuple à participer à son propre épanouissement. C'est beau. Après avoir regardé cette vidéo-là, j'avais le sentiment que je pouvais peut-être comprendre les enjeux énergétiques du Québec, parce que j'avais toute, toute, toute compris ce qu'il m'avait expliqué. Il m'avait rassurée.

RENÉ LÉVESQUE C'est juste bon. C'est bon d'un bout à l'autre, c'est complètement bon, en même temps que c'est très gros pour nous, Québécois... C'est la mise au service, pour toute la population, de l'électricité par l'Hydro-Québec, propriété du peuple, société publique, en dehors de la politique partisane, et qu'il faut garder s'administrant elle-même en dehors de la politique, avec des Québécois jusqu'au sommet, des Québécois qui, enfin, pour une fois, depuis le temps qu'on en parle, seraient vraiment les maitres chez eux, dans toutes les régions du Québec.

CHRISTINE Son «j'aime» avait l'air sincère, lui aussi.

ÉPISODE 1   53

Musique de clôture d'épisode.

CHRISTINE

Parce qu'Hydro-Québec nous a un jour rendus «maitres chez nous».
Parce que construire une relation amoureuse qui a de l'allure, ça prend beaucoup de temps, et que notre position dans la relation que nous vivons avec Hydro-Québec ressemble de plus en plus à celle d'un amant ou d'une amante déchue.
Parce que j'aime.
Et parce qu'une fois que j'aime, je ne peux plus être indifférente.

Noir.

Épisode 2
PARTICULE ÉLÉMENTAIRE

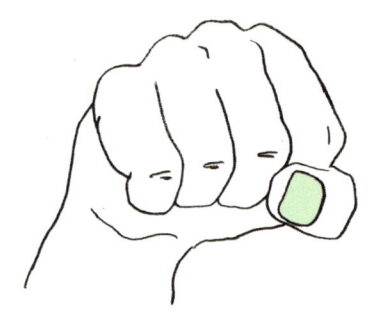

Musique d'ouverture d'épisode.
Lumière.

CHRISTINE

Parce que vous le savez ben que j'ai accepté de faire le projet.
Parce que je refuse d'être une imbécile heureuse.
Parce que je vous avertis que, dans cet épisode-là, y a pas mal d'informations.
Bienvenue à l'épisode 2 de *J'aime Hydro,* « Particule élémentaire ».

MASSE MANQUANTE

CHRISTINE   Le matin du 18 décembre 2014, je me suis demandé comment j'allais faire pour commencer mon enquête citoyenne sur Hydro-Québec. Je dois vous avouer que quand je suis allée aux portes ouvertes du cégep de Trois-Rivières, à 16 ans, j'avais choisi de visiter deux programmes : théâtre et techniques policières. Je voulais devenir comédienne ou enquêteuse. Et j'ai choisi théâtre juste parce que j'ai trouvé que le monde avait l'air trop *straight* en techniques policières. Tsé, des fois, ça prend pas grand-chose pour faire un choix de carrière.

Comme je suis une femme plutôt concrète, je me suis dit que, pour comprendre tout ça, fallait que je revienne à la base. Ça serait quoi, la base de tout ça ? L'électricité ! Et là, j'ai constaté que je savais pas vraiment comment ça marche, l'électricité. Je veux dire, c'est quoi, de l'électricité ? Alors, j'ai tapé « électricité » sur Google. Et je vous jure que l'explication la plus claire pour moi, et c'est un peu insultant parce que c'est un enfant qui nous la donne, a été celle-ci[4].

GARÇON
L'électricité ne vient pas de nulle part ! Il faut donc une source.
À l'intérieur de la dynamo, il y a un aimant et une bobine de cuivre. L'aimant tourne autour de la bobine de cuivre. En tournant, l'aimant fait bouger les électrons et l'électricité n'est rien d'autre que ça : des électrons en mouvement !

CHRISTINE
Ah ! Donc, l'électricité, c'est des électrons en mouvement ! J'ai voulu comprendre un peu plus, je suis allée sur le site d'Hydro-Québec et là, j'ai compris que l'électricité, ce sont des électrons qui, à cause du mouvement et de la force d'un aimant, deviennent libres — de là l'expression *électron libre* — et sautent d'un noyau d'atome à un autre dans un fil de cuivre.

Ce qui m'a frappée, ce soir-là, c'est à quel point un atome, c'est vide !

C'est un tout petit noyau avec des électrons qui tournent autour. Et tout est fait d'atomes. Mon corps est un tas d'atomes mis ensemble, le plancher aussi, vous aussi, donc tout est vide, en quelque sorte.

Mais nous, les humains, on n'arrive pas à voir tout cet espace-là, c'est fou comme notre vision est limitée!

Je m'étais dit ça.

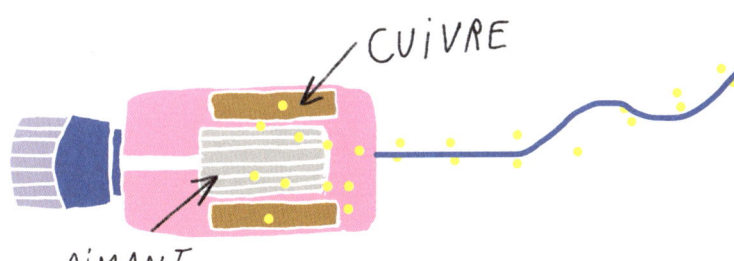

CUIVRE

AIMANT

Mais surtout, je m'étais dit que c'est incroyable, l'immensité des structures que les humains ont mises en place pour arriver à faire bouger des électrons. On a construit des barrages hauts comme la Place-Ville-Marie pour faire bouger des particules élémentaires, imperceptibles, infiniment petites. C'est capoté! En tout cas, moi, je capotais de me dire ça, ce matin-là, et là le téléphone a sonné, et je me suis demandé «Mais comment le téléphone fait pour sonner?».
Ben non, c't'une *joke*!

CHRISTINE	Allo?
ANNABEL SOUTAR	Christine, Annabel. Ça va?

ÉPISODE 2

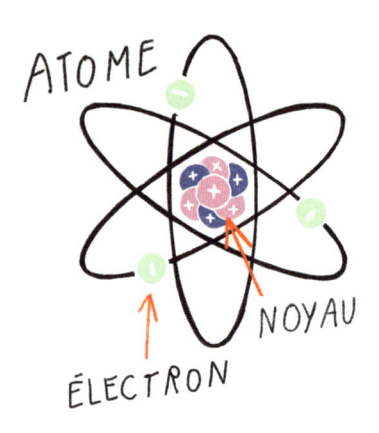

CHRISTINE	Ouais ouais, je capote, je viens de me rendre compte à quel point je suis vide, je veux dire à quel point tout est vide parce que l'électricité, c'est des électrons—
ANNABEL SOUTAR	Christine, j'ai une proposition pour toi. On est invitées à présenter une étape de travail en juin prochain au OFFTA.
CHRISTINE	Ben là, je viens juste de commencer ma recherche à matin.
ANNABEL SOUTAR	Je pense qu'on devrait faire une discussion entre deux pensées différentes. Entre quelqu'un d'Hydro-Québec et quelqu'un de la Fondation Rivières, par exemple.
CHRISTINE	OK, oui. Je veux ben, mais je connais absolument personne qui travaille chez Hydro-Québec.
ANNABEL SOUTAR	Moi non plus.
	J'ai appris qu'il y a des audiences publiques à la Régie de l'énergie

aujourd'hui. Es-tu libre cet après-midi ? Je sais que c'est dernière minute, mais tu pourrais peut-être rencontrer quelqu'un d'Hydro-Québec là-bas.

CHRISTINE *Oh, my God.* Euh, OK, je vais y aller.

ÉLECTRON LIBRE

MATHIEU DOYON

CHRISTINE

18 décembre 2014, audience publique de la Régie de l'énergie, Montréal.

C'était la première fois de ma vie que j'allais à une consultation publique. J'avais aucune idée à quoi m'attendre. Je savais que c'était au sujet de la tarification, des factures, alors je me disais qu'il allait y avoir plein de citoyens pour s'exprimer contre les hausses des tarifs. J'ai été très étonnée parce que, premièrement, c'était vraiment une petite salle — comme une petite classe, je dirais. Il y avait à peu près juste 25 personnes, 90 % d'hommes, tous habillés chez Moores. Quand je suis entrée, ils m'ont tous regardée comme si j'étais la chienne à Jacques! Bon, faut dire qu'il y avait de la sloche dehors et que j'étais en bottes d'eau, mais je m'attendais à voir des citoyens de tout acabit... Mais non, on aurait dit que j'étais la seule citoyenne dans la place, faque ça m'a terriblement gênée, j'étais complètement en dehors de ma zone de confort.

ANIMATEUR
CHRISTINE

Pause lunch, on se retrouve à 13h30.
Là, je me suis mise à chercher des gens avec des épinglettes d'Hydro-Québec sur leur veston. Il y a un homme qui est venu vers moi, je me suis dit «Parfait, voici enfin le monsieur d'affaires, pas dans le milieu artistique, quelqu'un qui a des opinions différentes de moi, ouvre-toi, Christine, il est grand, il a un veston!».

JEAN-PIERRE FINET

JEAN-PIERRE FINET
CHRISTINE

Salut, qu'est-ce que vous faites ici?
(Au public) J'avais peur qu'il me trouve *weird* si je disais «théâtre documentaire», alors j'ai dit *(À Jean-Pierre Finet)* «Ça m'intéresse».

JEAN-PIERRE FINET
CHRISTINE

(Étonné) Ah…
Et vous? Vous travaillez chez Hydro-Québec?

ÉPISODE 2   63

JEAN-PIERRE FINET	*(Rire fort)* Oh, non non non ! Moi, je suis représentant de la ROEÉ. C'est le Regroupement des organismes environnementaux en énergie, dont la Fondation Rivières, tsé, avec le beau Roy.
CHRISTINE	*(Au public)* Bon, c'était pas tant un monsieur d'affaires… Je lui ai parlé de mon projet et il a accepté d'être enregistré. *(À Jean-Pierre Finet)* Dites-moi, c'est quoi, l'enjeu, aujourd'hui, pour la consultation publique ?
JEAN-PIERRE FINET	L'enjeu ? Bon, y a jamais rien qui est noir ou blanc.
CHRISTINE	Non, en effet.
JEAN-PIERRE FINET	Pis ç'a rien à voir avec *Fifty Shades of Grey* non plus ! *(Rire. Christine ne sait pas comment réagir à cette blague)* OK. Les tarifs d'électricité sont établis une année d'avance. On dit « Bon ben regarde, en fonction des prévisions climatiques, on va avoir besoin de tant de kilowattheures, pis on va avoir besoin de tant de puissance » —
CHRISTINE	Oh, excusez-moi, pouvez-vous m'expliquer la différence entre les kilowattheures et la puissance ?
JEAN-PIERRE FINET	C'est ben simple. Les kilowattheures, c'est l'énergie qu'on consomme. La puissance, c'est la capacité de production des centrales. Comme là, on a des surplus d'énergie au Québec, ça nous sort par les oreilles, plein plein de kilowattheures. Mais on peut parfois avoir des problèmes de

	puissance… S'il fait ben ben ben froid, là, les équipements en place ne sont pas assez puissants pour répondre instantanément à la demande des Québécois.
CHRISTINE	Ah, OK.
JEAN-PIERRE FINET	Et dans ces situations-là — on appelle ça des «pointes» —, Hydro-Québec Distribution doit acheter à très gros prix à Hydro-Québec Production.
CHRISTINE	Hydro-Québec achète à Hydro-Québec? Je comprends pas. C'est divisé?
JEAN-PIERRE FINET	Ouais. Pis y a juste Hydro-Québec Distribution qui est règlementée par la Régie de l'énergie.
CHRISTINE	La section Production n'est pas règlementée par la Régie?
JEAN-PIERRE FINET	Non. *(Soudainement mystérieux)* C'est comme une boite noire, Hydro-Québec Production.
CHRISTINE	Une boite noire? Vous voulez dire quoi? Qu'on n'a pas accès à l'information dans la boite?
JEAN-PIERRE FINET	Ouais.

Temps.

CHRISTINE	Et selon vous, pourquoi on continue de construire de nouveaux barrages même si, selon plusieurs, ce serait pas rentable de faire ça?
JEAN-PIERRE FINET	Ça, c'est une question de doigts et de nez.
CHRISTINE	De doigts et de nez?

JEAN-PIERRE FINET	Faut les tenir le plus loin possible les uns des autres! *(Rire)* Vous pouvez me citer là-dessus, ça me dérange pas!
CHRISTINE	*(Au public)* C'est fait! *(À Jean-Pierre)* Mais là, vous pensez quand même pas que ce soit ça, la raison?
JEAN-PIERRE FINET	C'est… C'est de la politique à courte vue. C'est plus pour le *show*. C'est plus facile à vendre. C'est des choses qui paraissent plus… De la belle asphalte, un beau barrage. Je trouvais ça bizarre que t'arrives à la fin de la semaine de consultation.
CHRISTINE	Je savais pas que c'était la fin…
JEAN-PIERRE FINET	T'avais l'air d'une espionne! *(Rire)*

BOITE NOIRE

CHRISTINE

Une «espionne»! Une «boite noire»! Mon Dieu, je me sentais déjà dans une enquête! Je suis rentrée chez moi à la noirceur dans la sloche, j'étais très contente d'avoir mes bottes d'eau, je me suis dit «Moores, ç'a beau avoir un bon prix, une bonne coupe et une bonne réputation, c'est pas nécessairement imperméable, tandis que la chienne à Jacques, elle, au moins, elle est en phase avec la nature!». Une fois à la maison, mon voisin d'en face me regardait de sa fenêtre, j'ai trouvé qu'il avait l'air d'un espion, j'ai paranoïé un peu, j'ai barré ma porte et fermé mes rideaux.

Bon, il y aurait un manque de transparence dans le secteur Production d'Hydro-Québec? Je suis retournée sur le site et j'ai appris qu'Hydro-Québec est bel et bien divisée, mais pas juste en deux: en quatre!

HQ CONSTRUCTION

Ça, c'est les donneurs d'ouvrage. Ils octroient les contrats à des entrepreneurs en construction ou à des firmes d'ingénierie et encadrent les travaux.

HQ PRODUCTION

Une fois que c'est construit, ce secteur produit l'électricité pour approvisionner le marché québécois et la commercialiser sur les marchés de gros. L'exportation d'électricité, ça se fait ici.

HQ TRANSPORT

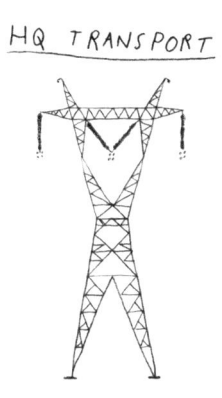

Ça s'appelle aussi TransÉnergie, c'est le réseau de transport d'électricité en haute tension sur les pylônes. Ses activités sont règlementées par la Régie de l'énergie.

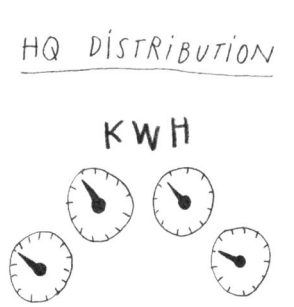

HQ DISTRIBUTION

KWH

Tout le service à la clientèle, les factures, les compteurs intelligents. Quand vous appelez chez Hydro-Québec, c'est là que vous appelez! Ses activités sont aussi règlementées par la Régie de l'énergie.

Donc, Construction et Production ne sont pas règlementés par la Régie. Et là, j'ai réalisé que ma question à savoir pourquoi on continue de construire et de produire de la nouvelle électricité, elle s'adresse nécessairement à Construction et Production. Donc, la réponse à ma question se trouve dans une boite noire inaccessible. Super! Déjà, après une journée de travail, j'étais dans une impasse. Alors j'ai décidé d'appeler Roy! *(Fière-pet)* Oui oui, j'avais son numéro! J'ai composé le 514 531-68 —

ROY DUPUIS — Heille heille heille! C'est mon vrai numéro, ça!

MATHIEU DOYON — Christine et Roy se parlent de toutes sortes d'affaires, ils sont *chummy-chummy*.

ROY DUPUIS — Oh boy! Un *show* de théâtre sur Hydro-Québec? Tu veux faire ça?

CHRISTINE — Ben, j'y pense…

ROY DUPUIS — T'es pas sortie du bois!

CHRISTINE — Pour l'instant, on aimerait ça organiser une discussion entre la Fondation Rivières et Hydro-Québec.

ROY DUPUIS — Oui, mais je sais pas s'ils vont accepter de discuter avec nous, ça nous donnerait du crédit.

CHRISTINE — Ben voyons, Annabel a déjà organisé une discussion entre Monsanto et Greenpeace.

ROY DUPUIS — Peut-être, mais le gouvernement nous donne même pas de numéro de charité, à la Fondation, parce qu'ils disent qu'on fait trop de politique.

CHRISTINE	Trop de politique ? Les *shows* d'Annabel sont super politiques pis sa compagnie de théâtre a un numéro de charité… De toute façon, comment on fait pour protéger l'environnement sans faire de politique ?
ROY DUPUIS	C't'une bonne question, ça, Christine.
CHRISTINE	J'en ai une autre : sais-tu pourquoi la section Production d'Hydro-Québec n'est pas règlementée par la Régie de l'énergie ?
ROY DUPUIS	Si tu veux une réponse claire à cette question-là, tu devrais appeler Alain Saladzius, c'est le cœur de la Fondation Rivières.

Bruit d'un appel entrant.

CHRISTINE	Scuse-moi, Roy, j'ai une autre ligne, c'est Annabel… Tu peux m'envoyer les coordonnées du monsieur que tu viens de nommer, s'il te plait ?
ROY DUPUIS	Ouais, OK.
CHRISTINE	Merci, désolée, à plus. *(Elle prend l'autre appel)* Allo ?
ANNABEL SOUTAR	Christine, Annabel. Je suis avec le *founding board member* de Porte Parole, Farès Khoury. Il a de sérieuses craintes par rapport à notre projet.
CHRISTINE	Comment ça ?
ANNABEL SOUTAR	On ne peut pas continuer sans le consulter. Il veut s'assurer que ton enquête est équilibrée.

ÉCONOMIE DE MARCHÉ

MATHIEU DOYON   19 décembre 2014, brasserie Lucilles, Westmount.

FARÈS KHOURY

FARÈS KHOURY
Président, Étude économique conseil Canada (EEC Canada)

(Cheveux longs, tresse, lunettes, verre de vin sur l'heure du midi, charmant mais tranchant) Annabel m'a dit que vous vouliez organiser une discussion entre la Fondation Rivières et Hydro-Québec ?

CHRISTINE   Oui.

FARÈS KHOURY   Je ne crois pas que ce soit une bonne idée.

CHRISTINE   *(Étonnée)* Ah ? OK.

72   J'AIME HYDRO

FARÈS KHOURY	Moi, j'ai une énorme résistance au départ avec la Fondation Rivières. Je vais le dire clairement. Annabel connait ma réticence viscérale à engager Porte Parole dans n'importe quelle forme d'activisme, sur n'importe quelle idée. La problématique de la rivière est très mal positionnée dans ce débat. Le problème de fond, ce n'est pas la question de harnacher des rivières ou de ne pas harnacher des rivières.
CHRISTINE	Ah non ?
FARÈS KHOURY	Le fait de ne pas toucher à une ressource naturelle comme une rivière, par exemple. Ça, c'est… C'est extrêmement passéiste.
CHRISTINE	Passéiste ?
FARÈS KHOURY	C'est une idée extrêmement saugrenue. Parce que, si on veut être cohérent jusqu'au bout avec cette idée, il faudrait même qu'on cesse d'exploiter les rivières qu'on exploite présentement. Parce que pourquoi une et pas l'autre ?
CHRISTINE	Je dirais que la question n'est peut-être pas pourquoi une et pas l'autre, mais pourquoi *toutes* ? Pourquoi pas juste celles dont on a vraiment besoin ?
FARÈS KHOURY	C'est qui le « on », dans ta phrase ?
CHRISTINE	Euh… nous, les Québécois ?
FARÈS KHOURY	*(Découragé par l'ignorance de Christine)* On ne peut pas fonctionner en autarcie, Christine. On ne peut pas produire du jus de tomate *juste* au Québec qu'on va vendre *juste* aux Québécois, c'est un mode de

ÉPISODE 2   73

CHRISTINE

fonctionnement inconcevable aujourd'hui dans une économie de marché. Attention : Hydro-Québec s'inscrit dans un marché nord-américain. Ce n'est pas seulement une question de besoins des Québécois. Hum hum. Mais en même temps, le rôle d'Hydro-Québec, c'est pas d'offrir de l'électricité à bon prix à la société québécoise ?

FARÈS KHOURY

(Estomaqué à nouveau par la méconnaissance de Christine) Bon. *(À toute la salle)* Bonsoir, gens de théâtre. Pour que vous compreniez bien, sachez qu'un des grands *challenges* du développement de l'énergie, c'est que ça se déroule sur de très longues durées. Ces gens-là doivent imaginer quelle sera la demande d'hydroélectricité dans 30 ans. C'est très difficile de répondre à cette question-là. Il faut faire de la prospective. Il faut s'imaginer l'avenir.

La question est plutôt : qu'est-ce qu'Hydro-Québec prévoit comme demande future, pour continuer à produire de la nouvelle électricité malgré les surplus ?

CHRISTINE

Oui, exact, c'est ça, ma question. Mais je ne sais pas à qui la poser parce qu'elle s'adresse au secteur Production d'Hydro-Québec et on me dit que c'est une « boite noire », qu'on n'a pas accès à l'information. Pourquoi on n'a pas règlementé le secteur Production ?

FARÈS KHOURY   Parce qu'il est en concurrence avec les autres sources d'énergie nord-américaines. On ne règlemente pas quelque chose pour le plaisir de le règlementer.

CHRISTINE   Est-ce que ça fait en sorte que le secteur Production fonctionne un peu comme une compagnie privée ?

FARÈS KHOURY   Oui. L'État ne doit pas intervenir sur l'enjeu concurrentiel d'une entreprise. On vit dans une économie de marché, mesdames, mesdemoiselles, messieurs. La non-règlementation, c'est le principe dominant. C'est comme ça qu'on fonctionne, en économie.

(À Christine, sérieux) C'est hyper compliqué, les discussions sur des choses qui provoquent des opinions aussi radicales.

Ce n'est pas un sujet anodin.

Informe-toi, Christine.

LA GUERRE DES COURANTS

CHRISTINE

Checkez-moi ben m'informer! Je suis encore une fois revenue à la base et je me suis demandé comment ça avait commencé, l'électricité, en Amérique du Nord. Et là, j'ai découvert que la toute première centrale électrique, c'était la Pearl Street Station.

PEARL STREET STATION

Elle était située au sud de l'ile de Manhattan.

Elle est entrée en fonction en 1882, elle appartenait à Thomas Edison.

Elle fonctionnait au charbon. Encore aujourd'hui, c'est la façon la plus répandue et la moins chère de produire de l'électricité, mais c'est malheureusement la plus polluante.

Mais bon, dans le temps d'Edison, les gaz à effet de serre, Greenpeace, Équiterre, Steven Guilbeault, ça n'existait pas. Et ce qui est très intéressant ici, c'est que, pour transporter l'électricité à ses clients, Edison utilisait le courant continu.

C'était pas super pratique, le courant continu ne pouvait pas transporter de l'électricité sur de longues distances, il fallait installer des centrales au charbon pratiquement à tous les coins de rue de la ville de New York. Et c'est là que Nikola

Tesla, un Serbe, est arrivé chez Edison et a inventé le courant alternatif.

Ça, c'était une super invention. On pouvait enfin transporter de l'électricité sur de beaucoup plus grandes distances. Mais Edison, qui était un personnage plutôt orgueilleux, a refusé de reconnaitre l'invention de Tesla et a déclenché la guerre des courants.

THOMAS EDISON	*War of currents!*
CHRISTINE	Edison et sa compagnie, General Electric, étaient en faveur du courant continu.
THOMAS EDISON	*DC!*
CHRISTINE	Tandis que Tesla s'était associé à George Westinghouse pour défendre le courant alternatif.

NIKOLA TESLA	*(Scande)* AC !
THOMAS EDISON	*(Plus fort)* DC !
NIKOLA TESLA	*(Comme une évidence)* AC !
THOMAS EDISON	*(Têtu)* DC !
NIKOLA TESLA	*(Crie)* Aaaaah !

On entend « Highway to Hell » d'AC/DC.

CHRISTINE	Je sais pas pour vous autres, mais moi, je l'avais jamais *catchée*. Il y a même un éclair dans leur logo !
	Pour prouver que le courant alternatif de Tesla était dangereux, Edison a même électrocuté des animaux sur la place publique, dont un éléphant qui s'appelait Topsy et qui avait tué trois personnes au cirque de Coney Island. Mais finalement, en 1896, Tesla et Westinghouse ont transporté de l'électricité en courant alternatif des chutes du Niagara jusqu'à Buffalo. AC avait battu DC.

Sonnerie d'un téléphone, par-dessus la chanson d'AC/DC.

CHRISTINE	Allo?
ANNABEL SOUTAR	Christine? Je t'entends pas!
CHRISTINE	*(Fort, excitée)* Annabel, sais-tu d'où vient le nom AC/DC?
ANNABEL SOUTAR	Christine, j'ai pas le temps de parler de ça du tout.
CHRISTINE	*(Déçue)* OK… *(Au public)* Eh qu'elle est plate!

La musique s'arrête.

ANNABEL SOUTAR	Bon, je pense que Farès a raison, la discussion, c'est pas une bonne idée.
CHRISTINE	Alors tu veux faire quoi comme étape de travail?
ANNABEL SOUTAR	Je sais pas. Là, j'entre à l'école de ma fille pour le spectacle de Noël… On prend une pause pour le temps des Fêtes et on se retrouve après.
CHRISTINE	OK, joyeuses Fêtes, Annabel!
ANNABEL SOUTAR	*Merry Christmas.*

Musique de Noël.

CHRISTINE	Acheter des vieilles boules de Noël au marché aux puces. Mettre des plastiques sur mes fenêtres et me dire que je contribue au surplus d'électricité. Acheter des lumières DEL pour décorer le sapin au chalet. Essayer de m'abandonner dans une

relation amoureuse qui a de plus en plus
d'allure (ça, je trouve ça très difficile).

Voir le logo d'Hydro-Québec partout
où je vais. Partout. Espace GO, TNM,
FTA, Centre du théâtre d'Aujourd'hui,
ici à Usine C, Périscope, théâtre Denise-
Pelletier, Centaur (bon, j'y vais pas souvent, je l'ai écrit juste pour faire plaisir à
Annabel), Trident, Rideau vert, Licorne…
M'apercevoir qu'Hydro-Québec comman-
dite énormément le théâtre.
Réaliser que le lien entre mon milieu de
travail et Hydro-Québec est extrêmement
fort, que, sans Hydro-Québec, je sais pas
trop de quoi mon milieu aurait l'air.
Me dire que, si un jour je fais un spectacle
sur Hydro-Québec, je vais nécessairement
le jouer dans un théâtre commandité par
Hydro-Québec.
Est-ce que ça va être bizarre ?
Est-ce que ça va créer un problème ?

Recevoir mon ami de Berlin que j'aime.
Essayer de comprendre ma facture
d'électricité.
Sauter dans l'année 2015.

Voir *Charlie Hebdo* attaqué par des
terroristes.
Me dire que ces deux camps-là sont très
loin de dialoguer.

INJUSTICE

MATHIEU DOYON   28 janvier 2015, logement modeste du Plateau-Mont-Royal, Montréal.

ALAIN SALADZIUS
Ingénieur en traitement des eaux et cofondateur de la Fondation Rivières

(Doux) Je tolère pas l'injustice pis le… le… Je peux pas… en tout cas. Tout ce qui est absurde, je suis pas capable de… de… Je suis pas capable de l'accepter.

CHRISTINE   Est-ce que la Fondation Rivières est née d'une injustice ?

ALAIN SALADZIUS	Ouais. J'ai visité, il y a longtemps, un endroit où mes grands-parents avaient vécu, c'était un vieux moulin près d'une rivière, c'était beau. Pis, en 1992, ils ont converti l'ancien moulin en centrale hydroélectrique. C'était pas beau. Là, j'ai vu le… le saccage d'un bel endroit et j'ai compris que… y a des beaux endroits qui sont dévastés… au profit de… juste certains individus.
CHRISTINE	Certains individus ?
ALAIN SALADZIUS	Oui, des promoteurs privés.
CHRISTINE	Des promoteurs privés en 1992 ? J'comprends pas. Vous voulez dire des barrages d'Hydro-Québec ?
ALAIN SALADZIUS	Non non, au début, on n'était pas du tout contre les projets d'Hydro-Québec, on intervenait seulement au niveau du privé.
CHRISTINE	Y avait encore des barrages privés au Québec en 1992 ?
ALAIN SALADZIUS	Oui. On parle de gens qui se remplissent les poches au détriment des autres. Ça m'a choqué ! Et ça continue encore aujourd'hui !
CHRISTINE	Aujourd'hui ? Je comprends pas. Je pensais que depuis qu'on avait nationalisé en 1964 avec René Lévesque, on avait justement déprivatisé, que c'était fini les barrages privés au Québec !
ALAIN SALADZIUS	Oui, mais au début des années 1990, Robert Bourassa a relancé le privé.
CHRISTINE	Ah, oui ?! Comment ça marche ?

ALAIN SALADZIUS	C'est des décisions gouvernementales. Hydro-Québec n'a rien à voir avec ces décisions-là. C'est le gouvernement qui force Hydro-Québec Distribution à acheter l'électricité des minicentrales privées et des éoliennes. Les éoliennes aussi, c'est privé. C'est des contrats de 20 ans renouvelables un autre 20 ans. Tsé, c'est un peu comme si… tu te construis un hôtel, mettons… avec je sais pas, 300 chambres dedans… et t'es certaine que tes 300 chambres seront occupées pendant 20 ans, renouvelables un autre 20 ans.
CHRISTINE	C'est pas ben ben stressant comme investissement.
ALAIN SALADZIUS	C'est du vol! Alors là, j'ai fait une enquête pour identifier chacun de ces promoteurs-là… Y en avait qui étaient vraiment… étranges.
CHRISTINE	C'est-à-dire, «étranges»?
ALAIN SALADZIUS	Ben, je veux dire, un individu qui… qui a aucune connaissance dans le domaine de l'hydroélectricité et qui… qui réussit à obtenir du gouvernement des promesses d'achat d'électricité. Et là, on a découvert… des… des liens criminels. Pas avec tous les promoteurs, là. Quand même, faut faire attention.
CHRISTINE	Ces gens-là ont été arrêtés?
ALAIN SALADZIUS	En 1994, Jacques Parizeau a décidé de… de déclencher une commission d'enquête. Un peu comme la commission Charbonneau.

Ça s'appelait la commission Doyon[5]… Là, certains promoteurs ont été accusés et y en a qui ont été condamnés.

CHRISTINE — Et c'est là que vous avez créé la Fondation Rivières ?

ALAIN SALADZIUS — Non, c'est en 2002, quand Bernard Landry a relancé un programme de minicentrales. Sur 36 chutes ! Je pouvais pas reprendre la… la bataille tout seul, c'était trop difficile. Donc là, on… on a… regroupé cinq organismes du Québec, des artistes, Paul Piché, Roy Dupuis, des scientifiques, Hubert Reeves, beaucoup de monde. On a mis beaucoup de pression et ç'a marché !

CHRISTINE — Vous avez réussi à empêcher les minicentrales ?

ALAIN SALADZIUS — À ce moment-là, oui. Mais en 2006, Jean Charest a relancé les projets de minicentrales.

CHRISTINE — Ben voyons ! Ça arrête et ça revient toujours, cette affaire-là !

ALAIN SALADZIUS — Oui. Dernièrement, en 2013, Pauline Marois a arrêté tous les projets de minicentrales, sauf celle de Val-Jalbert. Mais là, Philippe Couillard est en train de tout relancer. C'est décourageant.

CHRISTINE — Qu'est-ce que vous allez faire ?

ALAIN SALADZIUS — Il faut dénoncer le gouvernement. Quand les lois sont pas respectées, je le vois, là, tsé, c'est… c'est flagrant. Faque je laisse pas aller ça, je le signale à l'UPAC et à l'escouade Marteau.

CHRISTINE	Vous avez pas peur de faire ça ?
ALAIN SALADZIUS	Oui, j'ai eu peur. Oui oui.
CHRISTINE	Vous avez déjà eu peur pour votre—
ALAIN SALADZIUS	Ah, oui oui. Tout à fait.
CHRISTINE	Votre vie ?!
ALAIN SALADZIUS	Oui. J'ai déjà regardé en dessous de mon auto, pour voir si y avait pas une bombe.

Silence.

CHRISTINE	Mais si Hydro-Québec n'est pas en faveur des minicentrales, d'où vient la tension entre la Fondation Rivières et Hydro-Québec ?
ALAIN SALADZIUS	On a commencé à interroger les projets d'Hydro-Québec en 2006, au moment du détournement de la rivière Rupert, et là, on continue avec la Romaine. Ces barrages ne sont pas nécessaires. On veut protéger les quelques rivières vierges qui restent.
CHRISTINE	Ces mégabarrages, vous n'arrivez pas à les arrêter ?
ALAIN SALADZIUS	Non. On est tout seuls à se battre, les citoyens sont désabusés. Le gouvernement veut pas vraiment faire de l'efficacité énergétique. Nos vieux *buildings* sont très mal isolés, on perd plein d'énergie partout, c'est ridicule. C'est absurde ! Ils veulent pas récupérer, ils veulent construire des barrages.

C'EST QUOI LA VISION ?

CHRISTINE Ma rencontre avec Alain m'avait renversée. J'ignorais totalement qu'il y avait encore des barrages privés au Québec. Aujourd'hui, ces projets de minicentrales privées sont menés en partenariat avec des communautés et des municipalités. J'ai appelé Annabel pour tout lui raconter.

ANNABEL SOUTAR *Wow, Christine, this is major!*

CHRISTINE Ce que je comprends, c'est qu'Hydro-Québec, étant une société d'État, est un instrument du gouvernement. Donc, les décisions d'Hydro-Québec reflètent les objectifs du gouvernement en place.

ANNABEL SOUTAR Dans le dossier des minicentrales, on semble avoir pris des décisions qui favorisent les intérêts privés. Est-ce que ce sont ces intérêts privés qui guident toutes les décisions du gouvernement en matière d'énergie ? C'est quoi, la vision ?

CHRISTINE Je sais pas. Mais, j'ai appris que le gouvernement est en train de refaire sa politique énergétique. Avec ce document-là, on va pouvoir savoir c'est quoi, leur vision d'avenir.

ANNABEL SOUTAR Il va certainement y avoir des consultations publiques!

CHRISTINE Surement.

ANNABEL SOUTAR Tu dois y aller, Christine! Tu dois aller poser une question!

CHRISTINE *(Apeurée)* Hilala…

ANNABEL SOUTAR Ça arrive juste une fois aux 15 ans, Christine, une nouvelle politique énergétique. Le *timing* est incroyable! *You have to go!*

CONSTRUCTION
  D'AVENIR

CHRISTINE

Je me suis donc inscrite à la première table d'experts, «Vers une nouvelle politique énergétique du Québec». Elle portait sur l'innovation et l'efficacité énergétique. J'étais très nerveuse parce qu'il fallait que je prépare une question qui allait convenir à la table d'experts. J'ai donc essayé, moi aussi, de faire de la prospective, de m'imaginer l'avenir en matière énergétique. Au cours de mes recherches, j'ai regardé un *TED talk* sur la nanotechnologie, qui m'a jetée par terre [6].

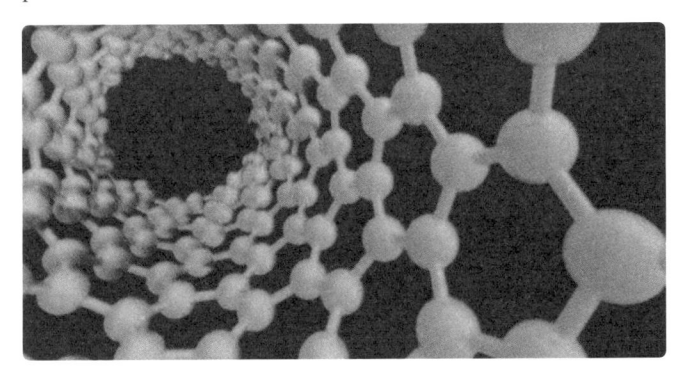

On y voit Justin Hall-Tipping qui dit que les centrales électriques de demain, c'est pas des centrales électriques! Que, grâce à la nanotechnologie, on pourra bientôt faire de l'énergie en collant un morceau de plastique sur nos propres fenêtres! Qu'un nanotube de carbone est 100 000 fois plus petit qu'un cheveu et 1 000 fois plus conducteur qu'un fil de cuivre! C'est hallucinant! Je me suis dit que ça avait du sens: une invention à l'échelle moléculaire pour faire bouger des particules élémentaires. Mais donc, si dans 20 ou 30 ans on aboutit avec cette technologie, qu'est-ce qu'on va faire de nos transformateurs, de nos poteaux, de nos fils, de nos pylônes, de nos centrales, de nos barrages, de nos réservoirs?

Cette perspective d'avenir m'a donné un vertige immense parce qu'en ce moment, on construit des barrages d'une durée de vie utile de 100 ans. J'étais paniquée. Mais je me suis dit que les experts de la table d'experts en innovation devaient certainement connaitre toutes les nouvelles technologies et qu'ils allaient pouvoir me rassurer lorsque j'irais poser ma question.

Je m'étais dit ça.

CONSULTATION PUBLIQUE
VERS UNE NOUVELLE POLITIQUE ÉNERGÉTIQUE

MATHIEU DOYON

CHRISTINE

13 février 2015, École des hautes études commerciales (HEC), Montréal.
C'était dans un grand amphithéâtre bondé de monde, des spécialistes de différents pays. J'ai reconnu le ministre de l'Énergie et des Ressources naturelles, Pierre Arcand, Bernard Drainville, Roger Lanoue, Normand Mousseau. Toute la journée, ils ont parlé de l'efficacité énergétique et des nouvelles façons de produire de l'énergie. Et c'est à partir de 18h que les citoyens pouvaient poser leur question. J'étais extrêmement nerveuse d'aller au micro, plus nerveuse que de jouer au théâtre en ce moment devant vous, mais je me suis quand même mise en ligne et mon tour est arrivé.

NICOLAS BÉGIN
(ANIMATEUR)

Madame, on vous écoute.

CHRISTINE

Bonjour, mon nom est Christine Beaulieu, je viens ici en tant que citoyenne. Aujourd'hui, on a parlé de l'efficacité comme d'une ressource d'énergie. Et le rapport Lanoue-Mousseau m'a appris, moi, quand je l'ai lu, que nous avions un surplus d'électricité et donc que nous n'en avions pas besoin davantage. Et donc, si on mise sur l'efficacité énergétique, il m'apparait absurde de continuer à produire de la nouvelle électricité que nous avons déjà en surplus... Je me dis « Mais, mon Dieu, on va en avoir beaucoup trop ! ».

CHRISTINE (*Au public, riant d'elle-même*) Bon, c'était pas *top notch*, on va se le dire ! À partir de là, c'est extrêmement long. *(Vidéo en accéléré)* Ça finit pus, ça dure sept minutes, c'est insupportable. Des gens vont aux toilettes pendant ma question... Je parle de nanotechnologie : « Imaginez le jour où on va faire de l'énergie avec nos fenêtres, avez-vous peur de cette possibilité d'avenir, blablabla. » Et donc, finalement...

CHRISTINE Donc, ma question est encore celle-ci, pour Madame l'assistante du ministre...

CHRISTINE   *(Arrêt sur image)* Bon, attention, ici, ce n'était pas du tout l'assistant du ministre, mais bien la sous-ministre associée à l'Énergie, madame Luce Asselin. Épouvantable, je suis désolée, Madame Asselin. C'est d'ailleurs la même femme qu'on a vue plus tôt dans *Chercher le courant*, alors qu'elle était PDG de l'Agence de l'efficacité énergétique.

CHRISTINE   Est-ce que vous pouvez, vous, m'expliquer sur quelle vision d'avenir le gouvernement se base pour continuer à produire de la nouvelle électricité ? S'il vous plait !
LUCE ASSELIN   J'aurais le gout de vous dire que c'est la table en efficacité et en innovation énergétique.

CHRISTINE   Ah, ma question n'est pas au bon endroit ?
LUCE ASSELIN   Non.
CHRISTINE   C'est où qu'il faut que je la pose ?
NICOLAS BÉGIN   Ce que je comprends dans votre question, c'est qu'il y a deux parties. Évidemment, vous avez fait un lien entre les deux parties. Mais ce soir, on aborde l'efficacité et l'innovation énergétique, le volet « énergie

	renouvelable » sera abordé à Shawinigan le 30 mars prochain.
CHRISTINE	Nooooonnn.
CHRISTINE	*(Au public)* Hé oui, en gros, je n'ai pas vraiment eu de réponse, et on m'a envoyée à Shawinigan. J'étais très déçue parce que j'avais beaucoup travaillé ma question. Faque, coudonc, je suis retournée à mon siège.
GUILLAUME DEMERS	Madame Beaulieu ?

CHRISTINE	Oui ?
GUILLAUME DEMERS	Je suis Guillaume Demers, conseiller politique pour le ministre Arcand.
CHRISTINE	*(Ravie)* Enchantée, Christine.
GUILLAUME DEMERS	Évidemment, on est là à titre d'observateurs, on veut pas intervenir, mais je trouve pertinent que vous vous soyez déplacée.

CHRISTINE	Ah, oui ? Super.
GUILLAUME DEMERS	Votre question était pertinente.
CHRISTINE	*(Flattée)* Vous trouvez ? Merci.
GUILLAUME DEMERS	Vous vous intéressez au développement énergétique ?
CHRISTINE	En fait, c'est que je travaille sur un projet de théâtre documentaire sur Hydro-Québec. D'ailleurs, pensez-vous que monsieur Arcand pourrait accepter de faire une entrevue avec moi pour le projet ?
GUILLAUME DEMERS	Il est très occupé, c'est sûr.
CHRISTINE	Ben oui, c'est sûr.
GUILLAUME DEMERS	Mais je vois rien qui s'y oppose. Pouvez-vous m'envoyer un courriel, avec la demande et le nom de la compagnie ?
CHRISTINE	Oui. Le nom de la compagnie de théâtre, c'est Porte Parole.
GUILLAUME DEMERS	Parfait. Vous connaissez le ministre un peu ?
CHRISTINE	Non, pas du tout, non.
GUILLAUME DEMERS	C'est un gars de TV, de radio. Sa femme, c'est Dominique Chaloult, la directrice générale de la télévision de Radio-Canada. Il adore la culture !

HÉTÉROTOPIE

CHRISTINE *(Inquiète)* « Monsieur Arcand adore la culture. » Je me demande s'il adorerait que je fasse un *show* de théâtre sur sa nouvelle politique énergétique ? Surement que ça va le gosser...

Je suis rentrée chez nous, j'étais crevée, je me suis couchée et je me suis demandé pourquoi le conseiller du ministre était venu me parler, après ma question. Tsé, les autres citoyens, y avait personne qui allait les voir après leur question... Est-ce que ma question dérange ? Est-ce que j'aurais nommé quelque chose de conflictuel ?

C'est certain que le jour où on va arrêter de faire des barrages au Québec, on va abandonner des entreprises et des travailleurs spécialisés dans l'hydroélectricité. Qu'est-ce qu'on ferait, on demanderait à ces gens-là de poser de la laine minérale ? Tsé, ils seraient pas contents. Ou en tout cas, ils trouveraient ça plate. Imaginez, passer de dynamiter une montagne à poser une fenêtre Energy Star, c'est un méchant *downgrade* au niveau du *thrill* que ton métier te procure.

Donc, c'est ça, j'ai confronté des gens. Confrontation. Conflit. Malaise.

Je m'étais dit ça.

MATHIEU DOYON   Christine s'endort.

Bruit de vent doux.

CHRISTINE   Je marche sur une plaine, c'est vaste, on dirait la Saskatchewan. Il y a un seul et immense arbre au centre du décor, un chêne, sans doute. J'avance. Un panier en osier apparait dans mes mains. Une fois à l'ombre, j'en sors une très belle couverture à carreaux que j'installe facilement dans le bon sens du vent et je me couche. Un homme particulièrement viril, avec un casque de construction sur la tête, s'installe aussi. Il est très heureux. On partage un piquenique végé que j'ai fait moi-même. Il fait bon dehors, il fait doux, on est vraiment bien, mon ami constructeur et moi. Il sort des feuilles de papier, des crayons et se met à faire des dessins, il dessine super bien. Ses dessins se transforment tranquillement en caricatures religieuses. Au loin, on entend des bruits de moteurs, ce sont des camions de construction, des pelles, des bétonneuses, des gens en sortent et nous attaquent avec des fenêtres Energy Star, on m'étouffe avec de la laine minérale, des mitraillettes lancent des balles de charbon que j'attrape avec mes mains pour protéger mon ami constructeur, mes mains deviennent noires, des gens avec des marteaux nous séparent, on pleure, mon agente m'appelle pour me dire qu'elle ne veut plus me représenter, tous les théâtres du Québec ne veulent plus de moi, Radio-Canada ne veut plus de moi, j'entre chez moi, je gèle, je n'ai plus d'électricité, j'angoisse et j'aime tellement fort que ma peau se soulève et je peux voir mes atomes, je peux les voir avec mes yeux, je vois mes électrons qui s'activent de moins en moins, je les vois qui peinent à s'agiter et qui s'arrêtent, et je suis aspirée vers chacun de mes noyaux et je me transforme en trou noir et j'entre en collision avec mon ami constructeur, lui aussi devenu un trou noir. Nous créons ensemble une onde gravitationnelle.

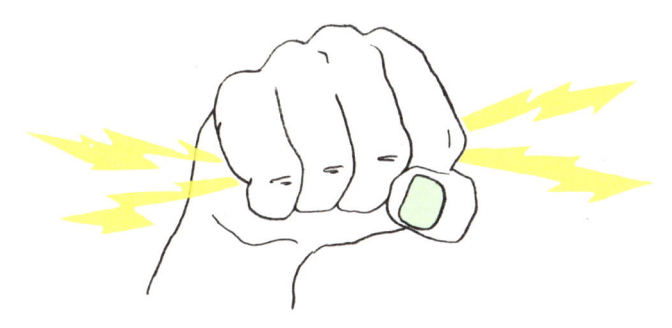

Musique de clôture d'épisode.

CHRISTINE

« Il est un temps où le courage et l'audace tranquilles deviennent pour un peuple, aux moments clés de son existence, la seule forme de prudence convenable. S'il n'accepte pas alors le risque calculé des grandes étapes, il peut manquer sa carrière à tout jamais, exactement comme l'homme qui a peur de la vie. »
— René Lévesque.

Noir.

Épisode 3
DIMENSION SUPPLÉMENTAIRE

Musique d'ouverture d'épisode.

MATHIEU DOYON : 14 février 2015, Christine tend une boite de chocolats en forme de cœur rouge.

CHRISTINE : Pas capable d'apprendre mes textes.
Pus vouloir sortir de ma chambre.
Faire de l'insomnie.
Écouter *Citizenfour* sur Edward Snowden et l'espionnage informatique.
Écouter *Homeland*, *House of Cards* et *Dans l'œil du dragon* en rafale.
Pleurer au théâtre.
Pleurer dans mon char.
Pleurer dans les bras d'une amie qui n'est pas vraiment mon amie.
Pleurer en audition devant un réalisateur que j'admire profondément.
Ne plus être fonctionnelle.
Mal au ventre, au cœur, aux cheveux.
Mal.
Regretter de m'être abandonnée en amour.
Ne plus croire en rien.
Sacrer mon camp dans une retraite de yoga aux Bahamas.

BE THE CHANGE THAT YOU WISH TO SEE IN THE WORLD.

—MAHATMA GANDHI

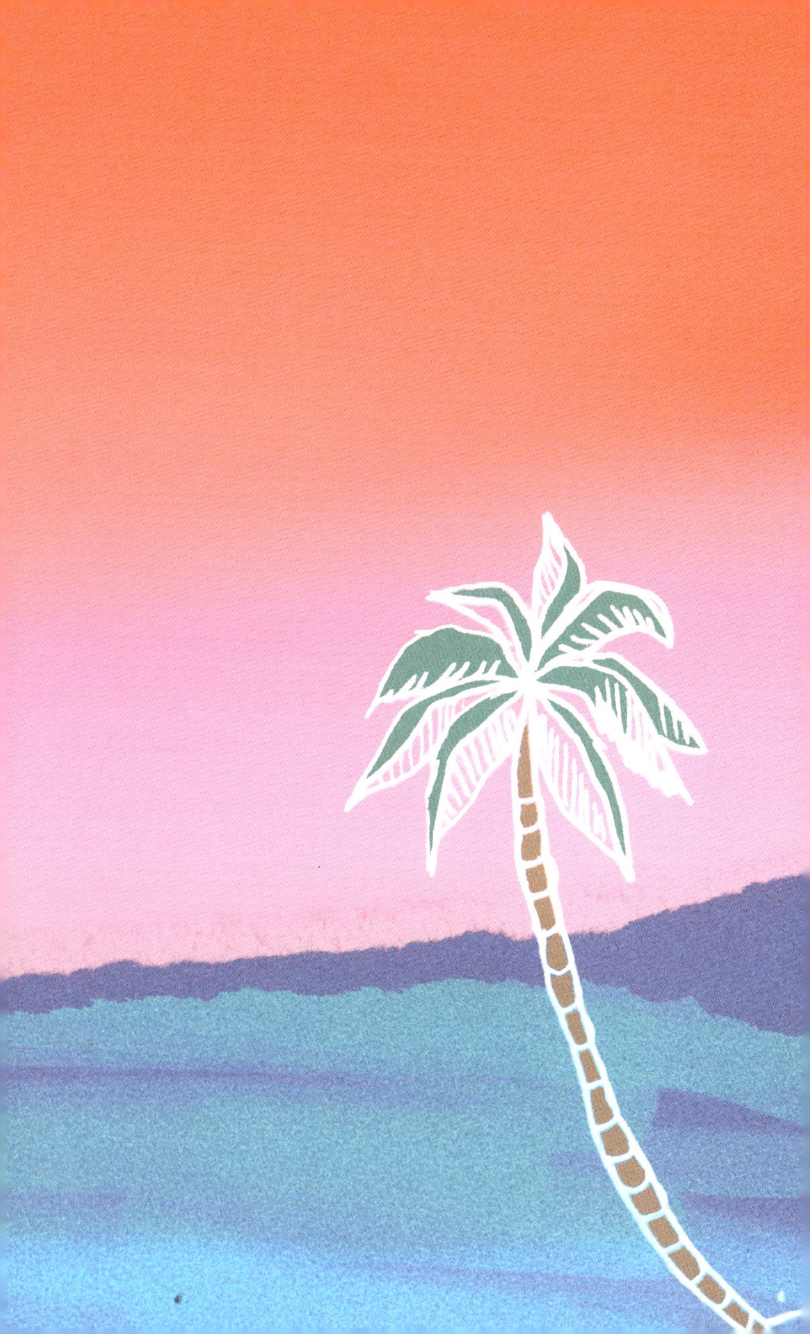

MATHIEU DOYON   Sur Paradise Island, au Sivananda Ashram Yoga Retreat, on est réveillé à 5h chaque matin par une cloche, on chante, on médite, on fait quatre heures de yoga par jour, on mange végé, pas d'alcool, pas de café, pas de cigarettes sur le site.

CHRISTINE   À mon arrivée, je suis une loque humaine, je suis incapable de méditer, ma tête veut exploser, je suis inconfortable assise en indien sur un coussin, j'ai pas le gout de parler à personne, tout le monde m'*énarve*. Annabel essaie de me joindre de toutes les manières possibles, ça me tente pas d'y parler faque j'y fais croire que la connexion est vraiment pas bonne au ashram. Je veux rien savoir.

Musique pop au loin.

Juste à côté de notre site de yoga super simplicité volontaire, il y a le plus gros hôtel du monde entier, c'est vulgaire tellement c'est gros! C'est plein de pitounes, de gars bronzés orange, de sexe, de musique pop, d'alcool, de vices, de dauphins apprivoisés. C'est dégueulasse, cette affaire-là ! Et moi, j'ai juste le gout d'y aller, de boire du café Starbucks, de me souler la gueule pis de fumer des clopes.

Son d'une connexion Skype.

ANNABEL SOUTAR	*What the fuck are you doing in the Bahamas?*
CHRISTINE	Annabel, je vais pas bien, mon chum m'a laissée.
ANNABEL SOUTAR	*Oh, my God*, Christine. Je suis désolée.
CHRISTINE	*(Dévastée)* Je suis pus capable de rien faire. J'ai de la misère à me lever le matin. J'ai pas le gout de rien manger. Je suis obsédée. Je fais juste penser à lui. En plus, je fais des cauchemars. Notre projet sur Hydro-Québec est rendu dans mes rêves, et quand je rêve à quelque chose, c'est parce que la chose me hante, tu comprends ? Notre projet me hante ! C'est rendu que j'ai peur.
ANNABEL SOUTAR	De quoi tu as peur ?
CHRISTINE	*(En pleurs)* J'ai pas les capacités pour analyser tout ça. On dirait qu'il faudrait que je fasse trois bacs pour toute comprendre notre sujet. *(Crise de nerfs)* Je suis pas Alain Gravel, crisse ! On n'a pas une équipe d'enquête avec nous, on n'a pas d'argent. J'ai l'impression que je suis en

train de faire une grosse erreur en faisant ce projet-là… Ça me rend folle, ça prend trop de place dans ma tête, je suis hantée, je suis intoxiquée par notre projet, et pendant ce temps-là je ne m'occupe pas de mes affaires de comédienne pis j'ai plein de tournages qui s'en viennent, je sais pas comment je vais faire! Ah, mon Dieu, que j'vais pas bien. J'ai regardé le film sur Edward Snowden—

ANNABEL SOUTAR   *Oh, no—*

CHRISTINE   Je suis en train de devenir parano, j'ai jamais été une personne parano, c'est rendu que j'ai l'impression qu'on m'espionne, qu'on m'écoute, que mon ordinateur est *hacké*, tsé, voyons donc, je suis en train de virer complètement folle avec c't'ostie de calisse de projet de marde-là!

Temps, pleurs.

ANNABEL SOUTAR   Bon, Christine, *I'm sorry* pour ta peine d'amour. Notre sujet est immense, je sais. Mais je peux pas être responsable de toi. Tu es la seule personne qui est responsable de ta vie. Tu dois porter le projet sur tes épaules à toi. Réfléchis.

Temps, pleurs.

ANNABEL SOUTAR   Mais les infos qu'il fallait que je te donne aujourd'hui, c'est que notre date au OFFTA est le 4 juin. *(Pleurs de Christine)* On fait ça à la Licorne. *(Pleurs)* Denis Bernard est très heureux de te recevoir. C'est dans deux mois et demi. *(Pleurs)* Je t'ai inscrite aux audiences publiques de Shawinigan, le 30 mars.

CHRISTINE
Ouach !

ANNABEL SOUTAR
On a appelé ton agente pour lui dire, elle nous a dit que tu es libre cette journée-là. J'ai hâte de lire la première version de ton épisode 1. Je suis là pour t'aider, mais je peux pas te remplacer, tu es irremplaçable sur ce projet.

CHRISTINE
C'est ben ça le pire.

ANNABEL SOUTAR
Fais le plein d'énergie et donne-moi des nouvelles, Christine. À bientôt.

CHRISTINE
Ok, bye.

Tranquillement, je sors de ma chambre avec un lit deux étages que je partage avec une madame qui m'*énarve*, je bouge, ça fait du bien à mon corps et à ma tête, j'arrive à méditer, à repousser le plus possible mes idées négatives et je tente de vaincre mes peurs. Au ashram, il y a un vieil indien qui fait des cartes du ciel. Ça m'a toujours fait peur, les voyantes, les sorcières, les médiums… Alors, pour moi, aller me faire faire ma carte du ciel, c'était vraiment vaincre une peur !

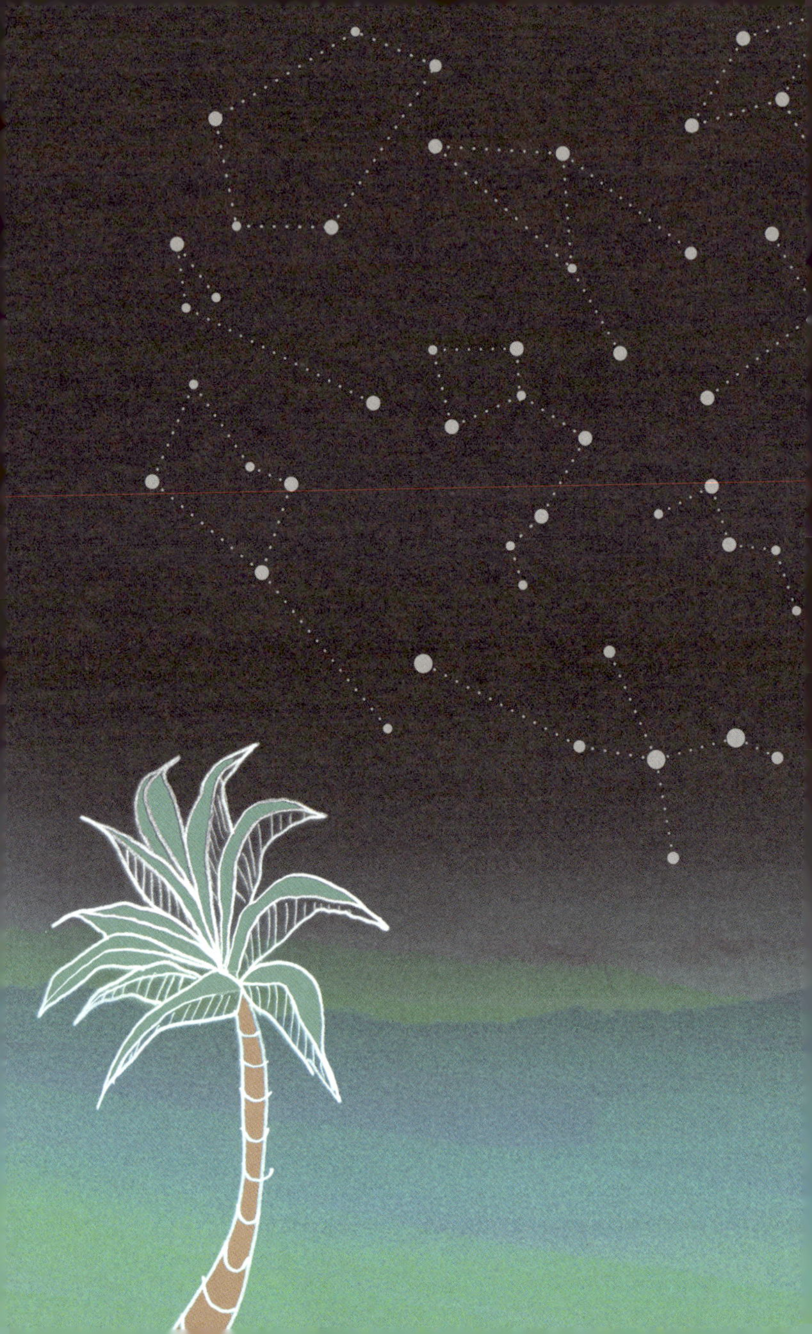

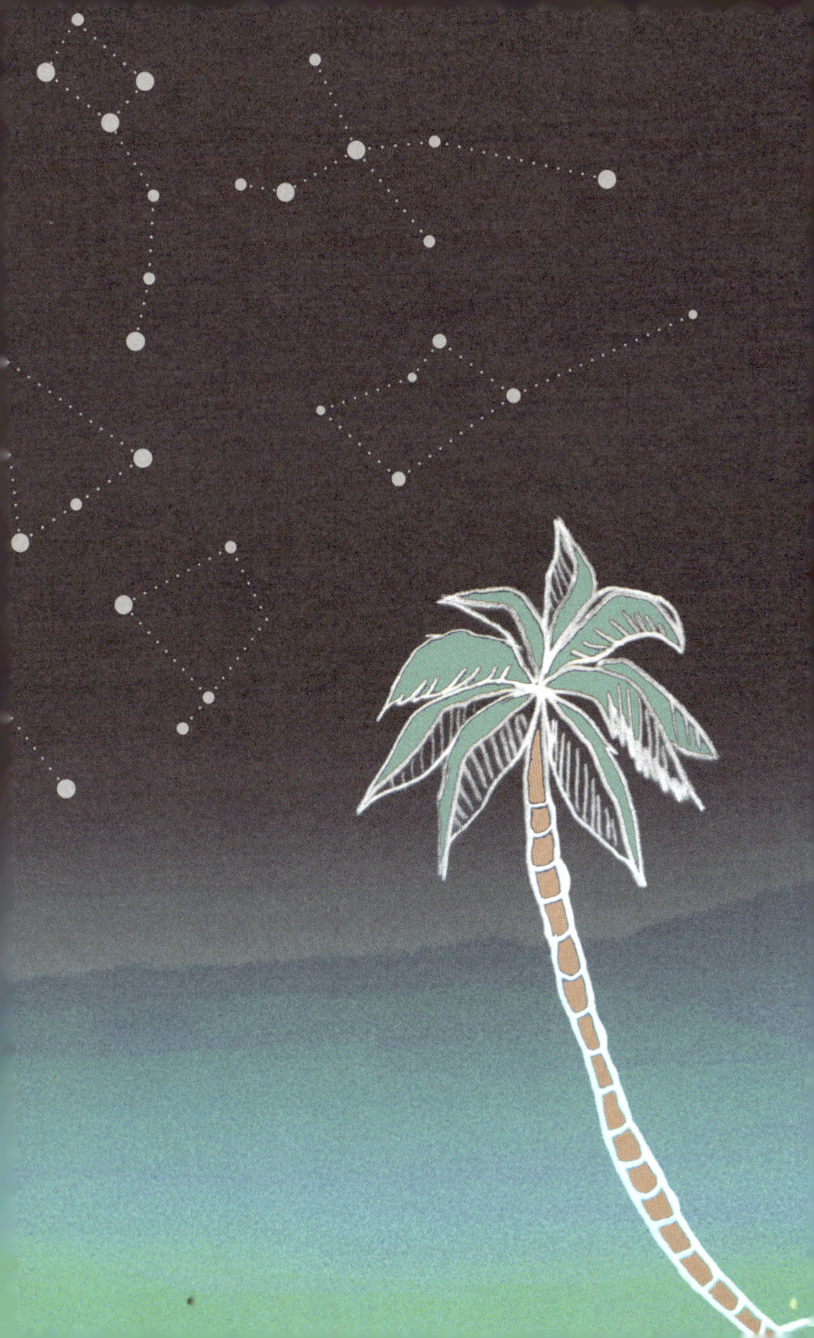

Musique indienne.

MATHIEU DOYON — Krishnan Namboodri apparait en tunique orange, il est souriant.

KRISHNAN NAMBOODRI — *(Accent indien) Thirty-three years, five months, eight days...*

Il lance des roches sur un genre de calendrier.

KRISHNAN NAMBOODRI — *Oooh, look at that, new start! Beginning... Your own profession, arts works, look at that, something you start this year: excellent!*

CHRISTINE — *Excellent, my work?*

KRISHNAN NAMBOODRI — *Oh yes, look at that: Venus, arts, arts for you, twenty-one, twenty-two starting...*

CHRISTINE — *(Révélation) Yes! I started acting at twenty-one!*

KRISHNAN NAMBOODRI — *Continue, just continue! In two years, victorious, 2017, international! Famous, new name, highest position in your profession! Award award award!*

CHRISTINE	*(Incrédule) Award...* Voyons donc.
KRISHNAN NAMBOODRI	*Victorious! Victorious! I see here: dialogue, look at that, speak, dialogue dialogue!*
CHRISTINE	*(Impressionnée) Dialogue, yes!*
KRISHNAN NAMBOODRI	*Something language, script writing, look at that.*
CHRISTINE	*(N'en revient pas) Script writing! Yes.*
KRISHNAN NAMBOODRI	*Good for the future. Wow!*

Il tousse.

CHRISTINE	*You OK?*
KRISHNAN NAMBOODRI	*Yes, I'm fine. Questions?*
CHRISTINE	Euh... *What about my relationship?*

Il relance les roches.

KRISHNAN NAMBOODRI	*Oooh, not good now, not good now. Don't decide anything. Now, work time, very good time, very important for future, don't miss, dialogue, screenplay, very good! Questions?*
CHRISTINE	*I was worried about my relationship.*
KRISHNAN NAMBOODRI	*Don't think, don't look, concentrate work and profession, focus work!*
CHRISTINE	Ah ouais?
KRISHNAN NAMBOODRI	*Questions?*
CHRISTINE	Euh... *My relationship?*
KRISHNAN NAMBOODRI	*Delete!*
CHRISTINE	*Delete?*
KRISHNAN NAMBOODRI	*Delete.*
CHRISTINE	*Delete my relationship?*
KRISHNAN NAMBOODRI	*Delete delete delete.*

AUTOROUTE DE L'ÉNERGIE

MATHIEU DOYON	Christine est en route avec son papa vers les audiences publiques de Shawinigan, le 30 mars 2015. Ils roulent sur la 55 Nord, l'autoroute de l'Énergie.
CHRISTINE	Bon ben, allo, papa.
PAPA	Oui, allo, la Cric.
CHRISTINE	*(Au public)* Mon père et moi, on est très rarement seuls tous les deux. Il vient normalement en paire avec ma mère ou avec l'une, l'autre ou toutes mes sœurs — j'en ai trois. Ce petit voyage à Shawinigan pour les audiences publiques est la seule escapade père-fille de toute notre histoire.
	(À son père) Toi, papa, t'es né à Saint-Joseph-de-Mékinac. C'est pas loin de Shawinigan, ça.
PAPA	Oui, la nuit que je suis né, en 1948, on ouèrait la maison.
CHRISTINE	On «ouèrait»?

PAPA	Oui, on ouèrait, on passait les fils électriques pour la première fois dans' maison. Mon père avait acheté une génératrice, faque moi je suis arrivé en même temps que l'électricité. C'est pour ça que je suis brillant comme ça, d'ailleurs! *(Rires)* Quand j'étais petit, j'étais au pensionnat de Shawinigan Nord. C'était une ville prospère grâce à son hydroélectricité… Y avait plein de compagnies qui s'installaient là. Moi, j'ai été draveur pour la CIP, la Canadian International Paper, à partir de 15 ans. J'ai dravé la rivière aux Rats, la rivière Mékinac, la Windigo, la Matawin, toutes les rivières qui se jettent dans le Saint-Maurice…
CHRISTINE	Wow! Shawinigan, ça veut dire quoi?
PAPA	«La chute qui fait du bruit», je pense… Pas sûr.
CHRISTINE	En quelle langue amérindienne?
PAPA	Ça doit être en huron, iroquois, algonquin, je sais pas trop.
CHRISTINE	Mon Dieu qu'on sait rien des Amérindiens. *(Au public)* J'ai vérifié et ça veut pas dire ça pantoute, désolée, papa, ça veut dire «haut de la crête» ou «portage de la crête», en abénaquis. *(À son père)* Ton sentiment, toi, papa, par rapport à Hydro-Québec, c'est quoi?
PAPA	Ben, je pense qu'à l'époque, la construction de barrages nous rendait fiers, ça

ÉPISODE 3   113

nous donnait l'impression d'être vraiment «maitres chez nous». Mais aujourd'hui, le harnachement des rivières, c'est quelque chose qui, environnementalement, peut être assez couteux… Mais surtout, je suis ben déçu que le gouvernement ait pas gardé les éoliennes, que ça ait pas été confié à Hydro-Québec pis nationalisé pour faire partie du patrimoine québécois.

CHRISTINE Ah, papa, c'est ici!

PAPA Oh, regarde-moi ça, les gros chars, toé! Pour moi, y a des grands personnages qui viennent d'arriver, le ministre Arcand avec sa gang, pour moi c'est ça. Heille, y a du monde, y a du monde!

CHRISTINE Merci, papa.

PAPA Fait plaisir, ma Cric.

CONSULTATION PUBLIQUE
VERS UNE NOUVELLE POLITIQUE ÉNERGÉTIQUE

MATHIEU DOYON	Christine et son père entrent dans le grand auditorium du Centre des arts de Shawinigan.
CHRISTINE	Je reconnais la place, me semble que j'ai déjà joué du cor français ici avec l'Orchestre symphonique de jeunes Philippe-Filion.
PAPA	Ben oui, je m'en souviens.
CHRISTINE	*(Au public)* Ça ressemblait pas mal à la table d'experts de Montréal, même *crowd*, même communauté de l'énergie. J'étais extrêmement gênée, encore une fois très loin de ma zone de confort, et vers la fin de l'avant-midi, Jean-François Lépine—
PAPA	On le connaît, lui !
CHRISTINE	— qui était l'animateur de la journée, a annoncé une période de questions pour les citoyens, alors là, j'étais très surprise. *(À son père)* Merde papa ! Je croyais que ça

allait être en soirée comme à Montréal, je suis vraiment pas prête pour ma question.

PAPA Faut que tu y ailles, la Cric! C'est peut-être le seul moment de la journée où tu pourras poser une question.

CHRISTINE Tu penses?

PAPA Aweille!

CHRISTINE *(Au public)* Je me suis levée, très nerveuse, et je suis allée au micro.

JEAN-FRANÇOIS LÉPINE Prochaine intervention, madame...

CHRISTINE Alors bonjour, je suis Christine Beaulieu, je viens ici en tant que citoyenne mais aussi en tant que recherchiste pour un projet de théâtre documentaire sur Hydro-Québec. Dans cet objectif, j'ai assisté à la table d'experts sur l'efficacité et l'innovation le 13 février dernier à Montréal. Je suis restée en fin de journée pour poser une question, j'ai pas eu de réponse et on m'a conseillé de venir ici pour la reposer. Alors c'est la raison pour laquelle je suis ici... *(Jean-François Lépine et plusieurs personnes rient)* Et donc, j'aimerais comprendre sur quelle vision d'avenir le gouvernement et Hydro-Québec se basent pour continuer à produire de la nouvelle hydroélectricité?

JEAN-FRANÇOIS LÉPINE Est-ce que quelqu'un veut tenter une réponse? C'est peut-être pas à vous que c'est destiné en particulier...

CHRISTINE Je suis d'accord qu'à cette table d'experts, y a pas d'experts en hydroélectricité, malheureusement...

On entend quelqu'un, au loin: « C'est cet après-midi! »

CHRISTINE Cet après-midi? Bon, OK alors, je vais reposer ma question cet après-midi... *(Toute la salle rit)*

ÉPISODE 3   117

CHRISTINE *(Au public)* Moi, la *twit*, j'ai posé ma question au mauvais moment! À cause de mon père!

PAPA *Mea culpa.*

CHRISTINE Je me sentais vraiment ridicule. S'il y avait eu une trappe devant moi, j'aurais sauté dedans.
(Au public) À la sortie de l'auditorium, à l'heure du lunch, plusieurs messieurs sont venus vers moi pour me parler, ils voulaient répondre à ma question, me donner leur carte d'affaires, beaucoup beaucoup de messieurs, 25, je dirais. Il y a même un homme du gouvernement qui m'a demandé si j'avais voulu faire un «effet de toge». Je savais pas du tout ce que ça voulait dire. En fait, il croyait que j'avais fait exprès pour poser ma question au mauvais moment. Hilala, c'était m'accorder beaucoup trop de stratégie! *(Rire)* Mon père n'en revenait pas de combien j'ai reçu d'attention!

PAPA Calique, la Cric!

CHRISTINE *(Au public)* En après-midi, en effet, on parlait beaucoup plus d'hydroélectricité. Et sur la scène, il y avait un homme pour représenter la société d'État, j'étais très heureuse, je me suis dit «Je vais m'adresser à lui». Alors, quand le bon moment est enfin venu pour poser ma question, voici ce qui s'est passé.

JEAN-FRANÇOIS LÉPINE   Il y avait une jeune dame ce matin qui avait des questions à poser et qui a dit qu'elle les poserait cet après-midi. Je sais pas si elle est là, mais si vous êtes là, venez au micro, c'est important. Allez-y tout de suite.

CHRISTINE   Je vais essayer de faire vite. Je suis ici en tant que citoyenne, mais aussi parce que je travaille sur un projet de théâtre documentaire sur Hydro-Québec. Notre objectif est de créer un dialogue entre les différentes opinions sur le sujet, et surtout de bien comprendre le dossier de l'énergie pour le transmettre aux citoyens qui n'ont pas le temps de faire le travail que je suis en train de faire aujourd'hui — d'être ici, un lundi, à Shawinigan.
Ma question : si on désire investir dans l'efficacité énergétique et dans les nouvelles technologies vertes dont on a parlé ce matin, est-ce que toutes ces possibilités-là ne seraient pas suffisantes pour satisfaire la demande en électricité des Québécois ?

PIERRE-LUC DESGAGNÉ Vice-président, affaires corporatives, secrétaire général et responsable du transport électrique à Hydro-Québec	Très bonne question, Christine. Je comprends que vous préparez un documentaire ?
CHRISTINE	Ouais.
PIERRE-LUC DESGAGNÉ	*(Sympathique)* Et vous posez de nombreuses questions qui vont dans toutes sortes de directions, alors il y aurait peut-être lieu d'avoir une petite rencontre.
CHRISTINE	Ça me ferait plaisir.
PIERRE-LUC DESGAGNÉ	Bon ben, moi aussi, ça me ferait plaisir… On pourrait reprendre ça ensemble avec grand plaisir !
CHRISTINE	Absolument ! Merci beaucoup.
JEAN-FRANÇOIS LÉPINE	Merci.

AUTOROUTE DE L'ÉNERGIE

55 SUD

CHRISTINE — *Oh, my God*, j'ai une invitation d'un VP d'Hydro! J'en reviens pas. C'est 100 fois mieux que ce que j'avais espéré. Une rencontre, voyons donc! Je capote, sérieux, je capote. Annabel va capoter!

PAPA — *(Fier)* C'était beau, c'était parfait! T'étais la seule femme à poser une question! C'est instructif en maudit, pareil! J'ai adoré écouter tout ce monde-là! Mais, tsé, c'est sûr qu'y a peut-être des lobbyistes là-dedans... Comme le gars qui a posé sa question sur quand c'est qu'y vont nous r'partir un autre grand barrage Hydro... Lui, tu vois qu'il —

CHRISTINE — Il a hâte de savoir c'est quoi, le nouveau mégaprojet —

PAPA — C't'un castor, lui! Pis s'il ronge pas, y a les dents qui allongent! *(Rire)*

ÉPISODE 3

(Ému) Eh ben, en tout cas, moi, je suis très fier de toi, de la manière dont tu t'es comportée, tu t'es adaptée toute la journée. Je suis vraiment fier de toi, je suis ben fier de mes filles, je suis un homme gâté, au fond.

Temps.

PAPA	En passant, tu y demanderas qu'y tasse son ostie d'poteau au chalet, Pierre-Louis.
CHRISTINE	Hein ? Pierre-Luc, tu veux dire ?
PAPA	Pierre-Luc, ouais. Tu y diras qu'on a un ostie de poteau à dix pieds du chalet pis Hydro-Québec veut pas le déplacer.
CHRISTINE	Hein ?
PAPA	Ben ouais, à la fin de ton entrevue, tu y diras « À mon chalet, j'ai un problème avec Hydro-Québec ».
CHRISTINE	Ben là ! Voyons donc, que je vais dire ça !
PAPA	Ben quoi ? Y a rien là !
CHRISTINE	Quand même papa… Méchant contrat !
PAPA	Je vais t'envoyer le dossier. Heille ! On a bâti un chalet de 400 000 piasses, crisse, pis on a un ostie d'poteau quasiment dans le salon !
CHRISTINE	Bon, le poteau est rendu dans le salon !
PAPA	Tu y diras !
CHRISTINE	Papa, t'es fatigant avec ton poteau !
PAPA	Non mais, faut ben que ça paye, cette journée-là ! *(Rire)*
CHRISTINE	*(Au public)* Ce soir-là, on a soupé à Trois-Rivières avec ma mère, mes sœurs

	jumelles, les enfants, et je me rappelle que le ton a vraiment levé parce que mon beau-frère, qui est un *brain* avec un QI de je sais pas combien, que je respecte beaucoup, m'a dit…
BEAU-FRÈRE	*(Chargé)* Voyons, Christine, y a des affaires ben plus urgentes qu'Hydro-Québec à questionner en ce moment au Québec !
CHRISTINE	Comme quoi ?
BEAU-FRÈRE	La santé, les pharmaceutiques, l'éducation ! Pis t'es complètement biaisée par ton environnement. T'as pas assez de connaissances pour comprendre les enjeux.
CHRISTINE	Je fais des recherches…
BEAU-FRÈRE	Pis si le VP t'a invitée à une rencontre, c'est juste parce qu'il t'a trouvée *cute* ! Qu'est-ce que tu penses ? Tu t'en rends pas compte ?!
CHRISTINE	Faque le ton a levé, les enfants ont crié par-dessus nous autres, mes sœurs et ma mère ont vraiment pas aimé ça, et je me suis encore aperçue à quel point mon foutu projet est chaud et compliqué.

Je suis rentrée à Montréal, j'ai écrit un courriel à Pierre-Luc Desgagné et à son collègue chez Hydro-Québec pour faire le suivi de la rencontre.

Je m'endormais souvent en pleurant, et le matin j'avais peine à me lever. Je regardais beaucoup trop souvent si j'avais pas un message du gars que j'aime mais qu'il fallait que je *delete*. Par chance, j'étais occupée: j'essayais d'écrire du théâtre documentaire. J'ai donc formé une miniéquipe pour l'étape de travail au OFFTA. J'ai d'abord appelé mon ami Mathieu Gosselin.

MATHIEU GOSSELIN / Salut!

CHRISTINE / On a engagé Mathieu pour jouer toutes les personnes que je rencontre, mais aussi parce qu'il est dramaturge. Il écrit du théâtre, Mathieu.

MATHIEU GOSSELIN / Oui, en effet, quelques pièces, oui.

CHRISTINE / Alors il nous a aidées, Annabel et moi, à trouver c'était quoi *l'action principale* de notre pièce.

MATHIEU GOSSELIN / Pour moi, l'action principale de ta pièce, c'est l'amour!

CHRISTINE / Hein? L'amour? C'est quoi le rapport?

MATHIEU GOSSELIN / T'es une femme qui essaie de faire quelque chose parce que t'aimes! Ton action principale, c'est: aimer!

ANNABEL SOUTAR / *That's a very strong action, actually.* L'action d'aimer, *I think it's fucking amazing*, Mathieu!

MATHIEU GOSSELIN / Bah, tsé, j'ai dit ça de même!

ANNABEL SOUTAR / Aimer! C'est le plus grand verbe d'action de l'humanité! *You are brilliant*, Mathieu!

MATHIEU GOSSELIN / Bah, tsé, c'est sûr que j'ai un peu d'expérience, ça fait 15 ans que j'écris...

ANNABEL SOUTAR / *You are fantastic!*

MATHIEU GOSSELIN / Pas tant que ça...

ANNABEL SOUTAR : *So much!* On devrait faire des épisodes d'enquête en *podcast* comme *Serial*, la série américaine. Tu connais, Mathieu ?

MATHIEU GOSSELIN : Oui, c'est tellement bon ! Bonne idée, t'es *hot*, Annabel !

ANNABEL SOUTAR : On devrait appeler le *show* « *J'aime Hydro* » !

CHRISTINE : Euh… Je sais pas… *J'aime Hydro*… Booofff…

ANNABEL SOUTAR : Aimes-tu ça, Mathieu ?

MATHIEU GOSSELIN : Ouais, *J'aime Hydro*, je pense que c'est vraiment un bon titre !

CHRISTINE : Aujourd'hui, « j'aime », on sait pus trop ce que ça veut dire. On aime n'importe quoi sur Facebook.

MATHIEU GOSSELIN : Justement, tu défends le terme « j'aime » contre ce qu'il est devenu avec les réseaux sociaux ! C'est malade !

ANNABEL SOUTAR : *You actually wanna restore some dignity to the word* « j'aime ». Et je sens ton urgence ! Ton « j'aime » est sincère.

CHRISTINE : Annabel, en français, y a pas de différence entre *love* et *like*. « J'aime », ça veut dire les deux, faque c'est comme si j'étais en amour avec Hydro, tsé, on se calme.

ANNABEL SOUTAR : Tu es en fusion avec Hydro !

CHRISTINE : En fusion… franchement.

ANNABEL SOUTAR : Tu es complètement dépendante d'Hydro, et y a pas d'amour sans dépendance.

CHRISTINE : Ça, je le sais. Ça fait sept ans que je parle de ça avec ma psy. *(Au public)* Qui est d'ailleurs avec nous dans la salle ce soir… Bonsoir, Denise.
Ben non, c't'une *joke*.

(À Annabel et Mathieu) OK, je veux juste être réaliste. Admettons qu'on fait des épisodes comme *Serial*, on peut-tu s'entendre qu'on se concentre juste sur l'épisode 1 pour l'étape de travail ?

ANNABEL SOUTAR

(Déçue mais déterminée) OK. On va se concentrer sur l'épisode 1. Il faut que ça finisse que le public a vraiment le gout que Christine fasse son enquête.

CHRISTINE

(Au public) J'espère que c'est ça que ça vous a fait !

LE COEUR DU DÉSAVEU

CHRISTINE — Je me suis sérieusement demandé comment le public allait recevoir ce titre-là : *J'aime Hydro*. Ils vont-tu me croire ? Ils vont penser que je les niaise, parce qu'à l'hiver 2015, il y a toutes sortes d'initiatives citoyennes qui prennent forme pour s'opposer aux décisions d'Hydro-Québec. Plein de manifestations et de pétitions contre les compteurs intelligents, contre la hausse des tarifs, contre des lignes de transport, comme à Saint-Adolphe-d'Howard, contre la centrale au gaz de Bécancour, contre le diésel aux Îles-de-la-Madeleine... En plus, le PDG Thierry Vandal démissionne en plein milieu de son mandat et empoche une indemnité de départ d'un demi-million de dollars. À l'hiver 2015, la plupart des décisions d'Hydro-Québec font réagir les Québécois partout à travers la province, et je me dis «Coudonc, est-ce que c'est parce que je fais un projet sur Hydro-Québec que je remarque tout à coup toutes les contestations ou s'il y a un soulèvement particulier en ce moment ? Est-ce que les citoyens ont raison d'être mécontents ? ».

Est-ce qu'Hydro-Québec agit en désavouant la collectivité ?

JEAN-FRANÇOIS BLAIN
Sociologue et analyste des règlementations en matière d'énergie

Les citoyens ont raison de manifester, on s'est fait littéralement confisquer notre patrimoine collectif de façon planifiée, orchestrée et systématique.

CHRISTINE « De façon planifiée, orchestrée et systématique » ?

JEAN-FRANÇOIS BLAIN Premièrement, dans la loi constitutive originale d'Hydro-Québec, c'est l'ensemble des Québécois qui sont actionnaires de la société d'État.

CHRISTINE Oui, ça, je sais.

JEAN-FRANÇOIS BLAIN Mais, au début des années 1980, le gouvernement de René Lévesque a modifié la désignation de l'actionnaire. Le ministre des Finances du Québec est devenu l'unique actionnaire d'Hydro-Québec, au nom de la collectivité.

CHRISTINE Pourquoi René Lévesque a modifié ça ?

JEAN-FRANÇOIS BLAIN C'était pas mal intentionné au départ, c'était en 1980-81, au lendemain du « choc pétrolier ». Le Québec était en récession, et le gouvernement avait désespérément besoin de revenus additionnels. Alors

Hydro-Québec a commencé à vendre de l'électricité sur les marchés extérieurs et à verser un dividende — de l'argent — au gouvernement du Québec.

CHRISTINE — Qu'est-ce que ça change, concrètement, cette modification-là ?

JEAN-FRANÇOIS BLAIN — Ça soulève une grande question : « Jusqu'où l'État peut-il aller chercher les revenus dont il a besoin pour financer l'ensemble de ses services (santé, éducation) à travers la tarification d'un service public essentiel — l'électricité — plutôt que par la fiscalité — les taxes et les impôts ? »

Et là, pour moi, il y a une limite de décence.

CHRISTINE — Oui mais, en même temps, y a pas une limite aussi à ne pas valoriser notre électricité ? Si on n'accorde pas à chacun de nos kilowattheures la valeur réelle qu'il a sur le marché, c'est pas mieux, non ?

JEAN-FRANÇOIS BLAIN — Christine, y a pas de valeur qui existe autre que la somme des couts de production, de transport et de distribution.

CHRISTINE — Notre électricité s'inscrit dans le marché nord-américain de l'électricité !

JEAN-FRANÇOIS BLAIN — C'est une vue de l'esprit, ça, Christine. C'est de la fiction !

CHRISTINE — Une vue de l'esprit ?

JEAN-FRANÇOIS BLAIN — Ben oui. Même en ayant les tarifs les plus bas, notre société d'État fait des bénéfices annuels de trois milliards sur un chiffre d'affaires de treize milliards, c'est énorme! Ça, c'est la réalité! Pas un prix fictif du marché, basé sur toutes sortes d'affaires qui n'ont rien à voir avec notre réalité ici.

C'est quoi, faudrait qu'on se revende à nous-mêmes l'électricité trois fois plus cher que ce qu'elle vaut? Produite, transportée et distribuée avec les équipements qu'on a payés collectivement depuis un demi-siècle? Ben oui, bravo!

CHRISTINE Oui, mais c'est comme un cycle de dépendance, parce que, moins on va accorder de valeur à nos kilowattheures, plus on va les gaspiller. C'est quand même absurde de gaspiller notre plus grande richesse.

JEAN-FRANÇOIS BLAIN Oui, c'est certain qu'il faudrait mieux isoler. Mais le commun des mortels, Christine, ceux qui sont directement touchés par les hausses de tarifs, les travailleurs ou les familles à plus faibles revenus qui sont locataires de logements vieux et très mal isolés, ils vont pas changer les fenêtres d'un loyer qui leur appartient pas.

Ensuite, dans la nuit du 6 juin 2000, le gouvernement de Lucien Bouchard, présumé sauveur autocrate, a adopté, sous le bâillon, la loi 116, qui soustrait les activités de production à la juridiction de la Régie

	de l'énergie. Et c'est pour moi le cœur du désaveu.
CHRISTINE	Mais l'objectif de ne pas règlementer la division Production, c'est pour qu'elle puisse agir librement dans son marché ?
JEAN-FRANÇOIS BLAIN	*(Se lève)* Non non ! L'objectif de cette loi-là était de refaire de la place au privé au Québec ! Et, depuis, nos gouvernements utilisent Hydro-Québec comme cheval de Troie pour réintroduire les producteurs privés dans le secteur électrique québécois. Et, aujourd'hui, on honore pour 42 G$ de contrats au privé dans nos factures !
	Et donc, c'est tout à fait normal que les gens réagissent ! Nos gouvernements nous ont abandonnés à notre propre sort, tout ça pour une poignée d'emplois régionaux temporaires et quelques votes. Ça, c'est sans supposer un financement politique illégal de ces entreprises-là, qui ont gagné les appels d'offres et les contrats.

Temps. Christine est frappée par l'affirmation de Jean-François Blain.

CHRISTINE	Selon toi, c'est pour ces raisons qu'on continue de produire de la nouvelle hydroélectricité au Québec ?
JEAN-FRANÇOIS BLAIN	Oui. Mais aussi parce qu'on espère faussement que la croissance va revenir. La

croissance, c'est la dernière des mythologies, et on l'enseigne encore.

La décroissance va nous frapper, qu'on le veuille ou non.

CHRISTINE   Et cette décroissance-là, inévitable, penses-tu que nos dirigeants la voient venir aussi ?

JEAN-FRANÇOIS BLAIN   Je pense que c'est impensable que nos dirigeants soient suffisamment stupides pour ignorer ça.

L'EXPERTISE

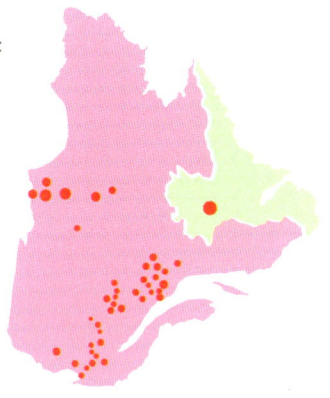

CHRISTINE

Être célibataire. M'ennuyer.
Recevoir un appel du collègue de Pierre-Luc Desgagné, lui donner des détails de mon projet de théâtre documentaire.
Être célibataire. M'ennuyer.
Aller chez Hydro-Québec avec Annabel pour expliquer notre projet de théâtre documentaire aux collègues de Pierre-Luc Desgagné.
Être célibataire. M'ennuyer.

Recevoir un appel de Pierre-Luc Desgagné, qui me dit qu'il accepte avec plaisir de me rencontrer, d'être enregistré et de devenir un personnage dans mon spectacle.

Être ravie et soudainement très nerveuse.
Avoir peur de pas être à la hauteur.
Avoir peur de pas avoir les bons mots.
Avoir peur d'avoir peur du conflit.

	Et me rendre seule dans le *building* d'Hydro-Québec avec le dossier du poteau de mon père.
MATHIEU DOYON	Le 20 mai 2015, Christine s'installe devant Pierre-Luc Desgagné et son collègue Marc-Antoine Pouliot.
PIERRE-LUC DESGAGNÉ	On peut se tutoyer ?
CHRISTINE	Oui, OK.
MATHIEU DOYON	Ils sont dans une salle de conférences avec des œuvres de peintres québécois dont Christine ne se souvient plus du nom. Elle démarre son enregistreuse.
CHRISTINE	*(Hésitante)* Bon, OK, ma question, que j'avais posée à Shawinigan…
PIERRE-LUC DESGAGNÉ	Vas-y comme tu veux avec ta question…
CHRISTINE	OK. Pourquoi on investit encore pour construire des barrages et produire de la nouvelle hydroélectricité qui s'ajoute à nos surplus et qui serait, selon plusieurs, un investissement non rentable ?
PIERRE-LUC DESGAGNÉ	Ta question est très bonne et, si j'étais pas dans ce milieu-là, je me la poserais aussi. Entre 2002 et 2007, on était pas mal en phase, entre les prévisions de consommation et la consommation réelle. Même que la consommation réelle a été au-delà de ce qu'on avait prévu. Alors le gouvernement a lancé des projets éoliens et des petites centrales hydrauliques. Et nous, on a lancé la Romaine.

Mais, tout de suite après, en 2008, il est arrivé deux choses : la grande crise économique mondiale et la fermeture au Québec d'un grand nombre d'industries de pâtes et papiers. Alors, la demande a baissé de manière drastique.

CHRISTINE C'était difficile à prévoir, la fermeture des usines de pâtes et papiers au Québec ?

PIERRE-LUC DESGAGNÉ Est-ce qu'on aurait fait ça si on avait été les seuls à décider ? On n'aurait probablement pas fait autant de développements éoliens ou de petites centrales hydrauliques. Ces décisions-là n'appartiennent pas à Hydro-Québec. On les respecte, mais elles ne nous appartiennent pas.

CHRISTINE Donc, il y a des motifs qui dépassent Hydro-Québec, souhaités par le gouvernement, et qui expliqueraient une partie des surplus, c'est ça ?

PIERRE-LUC DESGAGNÉ Nos surplus à Hydro-Québec Distribution seraient beaucoup moindres s'il n'y avait pas tous les contrats d'éolien et de petites hydrauliques qui s'ajoutent. On serait plus autour de six, sept, huit térawattheures.

Hydro-Québec Distribution doit d'abord honorer ces contrats-là, et ensuite elle achète le reste à Hydro-Québec Production.

CHRISTINE Ah ! On honore d'abord les contrats privés et communautaires d'éolien et de minicentrales avant d'acheter à Hydro-Québec Production ?

PIERRE-LUC DESGAGNÉ Oui. Et donc là, tu vas me dire qu'Hydro-Québec Production a des surplus qu'elle ne vend pas à Distribution.

CHRISTINE Oui, je vais te dire ça, très bonne question, merci.

PIERRE-LUC DESGAGNÉ À Hydro, on a toujours souhaité que la division Production ait des surplus, pour les revendre sur les marchés. L'an dernier, on a fait près d'un milliard en exportation.
Là, on est en surplus pour très longtemps, pour au moins dix ans. Mais le nouvel enjeu, c'est la puissance.

CHRISTINE Les fameuses pointes ?

PIERRE-LUC DESGAGNÉ Exactement. À ces moments-là, on doit acheter, à gros prix, de l'électricité ailleurs pour répondre à la demande. Et il y a de plus en plus de pointes dans les marchés. Il y a dix ans, on n'aurait pas eu cette conversation-là.

CHRISTINE Ah non ?

PIERRE-LUC DESGAGNÉ Ça m'aurait fait plaisir de te voir, mais on n'aurait pas parlé de puissance. Mais là, c'est devenu un enjeu majeur.

CHRISTINE Mais, dans une année, ça arrive souvent des moments de pointe comme ça où Hydro-Québec n'arrive pas à répondre à la demande des Québécois ?

PIERRE-LUC DESGAGNÉ Quelques heures seulement, on appelle ça de la fine fine pointe.

CHRISTINE	Et la Romaine a été construite pour répondre à ces quelques heures de fine fine pointe ?
PIERRE-LUC DESGAGNÉ	Ta question est bonne. Est-ce que je construis un équipement qui va me couter des centaines de millions de dollars —
CHRISTINE	Des milliards —
PIERRE-LUC DESGAGNÉ	Que je vais utiliser seulement 20 heures par année pour les pointes ? Ou est-ce que je ne suis pas mieux d'acheter sur les autres marchés ?
CHRISTINE	Oui, très bonne question, merci !
PIERRE-LUC DESGAGNÉ	Ça va toujours arriver que Distribution ait besoin d'acheter ailleurs.
CHRISTINE	Ça va toujours arriver ?
PIERRE-LUC DESGAGNÉ	Ben oui. Ça ne donne strictement rien sur le plan économique de construire une installation que pour la fine pointe.
CHRISTINE	*(Confuse)* Mais… euh… s'il y aura toujours des pointes… je comprends pas… pourquoi —
PIERRE-LUC DESGAGNÉ	Bon, parlons de façon très transparente, là : c'est quoi qui te préoccupe ? Je réponds peut-être pas clairement ? Si on construit pour rien ? On ne construira jamais pour rien. Nos installations sont bonnes pour au moins 100 ans, on répond mieux à la demande hivernale et on comble les besoins des marchés d'exportation.
CHRISTINE	Mais, dans le rapport Lanoue-Mousseau, ils ont recommandé fortement d'arrêter

les projets 3 et 4 de la Romaine, ils disent que c'est un projet ruineux—

PIERRE-LUC DESGAGNÉ Le rapport a parlé de *stratégie* ruineuse—

CHRISTINE *Stratégie* ruineuse… Comment ils en viennent à cette affirmation ?

PIERRE-LUC DESGAGNÉ Ce qu'ils nous ont suggéré dans ce rapport-là, c'est de mettre fin à l'éolien et de stopper la Romaine.

CHRISTINE Exactement.

PIERRE-LUC DESGAGNÉ Mais quand tu investis dans un projet hydroélectrique, le gros de ton investissement est au départ : la route, le campement, le village… Donc, ç'aurait été un peu ridicule d'arrêter parce que les investissements costauds sont déjà faits. Ça aurait créé plus de problèmes d'arrêter que de continuer. *(Se lève)*

CHRISTINE *(Se lève)* Hydro-Québec Construction va faire quoi, après la Romaine ?

PIERRE-LUC DESGAGNÉ Il y a une affaire ben importante, ici, Christine. Il faudra jamais, comme collectivité — et là, c'est moi, perso, qui dit ça — perdre l'immense expertise qu'on a dans le développement hydroélectrique et qui fait l'envie du monde entier. On a la chance inouïe d'avoir une grande expertise. Ça, c'est mon commentaire perso.

CHRISTINE Alors on va construire encore ?

PIERRE-LUC DESGAGNÉ Le post-Romaine, on est en réflexion, alors je commencerai pas à te raconter toutes sortes d'histoires, mais on peut imaginer des scénarios où tu as des projets

	hydroélectriques liés à des projets de développement économique.
CHRISTINE	Comme le Plan Nord?
PIERRE-LUC DESGAGNÉ	C'est dans la réflexion.
CHRISTINE	Je te remercie.
PIERRE-LUC DESGAGNÉ	On coupe ça là, mais si jamais t'as besoin, y a pas de problème, on maintient le lien. C'est juste que j'ai d'autres choses à l'agenda.
CHRISTINE	J'comprends ça.

NEMASKA

« LÀ OÙ LE POISSON ABONDE »

Battements de cœur.

CHRISTINE — Transporter des chaises, un projecteur, des accessoires, de mon char à la salle de répétition, de la salle de répétition à mon char.
Tourner de nuit, de jour.
Décevoir mon père en lui disant que je l'ai pas *feelé* de ploguer son poteau dans ma rencontre avec Pierre-Luc Desgagné.
Être totalement angoissée par l'étape de travail.
Engager un metteur en scène, Philippe Cyr, trois jours avant la première.
Dormir debout.
Avoir l'air d'une piasse de frites. On dit ça, chez nous, « avoir l'air d'une piasse de frites ». C'est quand tu achètes une piasse de frites au casse-croute dans un sac en papier brun et que, une fois à la

maison, le sac est plein de gras dégueu.
Ben c'est de ça que j'avais l'air, une piasse
de frites. Mais je suis quand même entrée
en coulisses le 4 juin 2015 pour présenter
l'épisode 1 de *J'aime Hydro*.

CHRISTINE   Parce qu'une fois que j'aime, je ne peux
plus être indifférente.
Vous venez d'entendre le 1er épisode de
J'aime Hydro.

Applaudissements.

CHRISTINE   Être franchement étonnée de la réaction
du public.
Ressentir un soulagement immense.
Recevoir des fleurs de *Delete*.
Essayer d'être résistante.
Recevoir des bravos de mes amis et de ma
famille —
Et, une semaine plus tard, recevoir un
appel de Pierre-Luc Desgagné.
PIERRE-LUC DESGAGNÉ   Christine, j'ai une proposition pour toi. Si
tu veux, je pourrais organiser un voyage
à la Baie-James pour visiter la centrale
Eastmain 1-A. C'est le dernier barrage qui a
été mis en service avant la Romaine.
CHRISTINE   Hein ? Euh, certainement, avec grand plaisir, j'adorerais ça.
PIERRE-LUC DESGAGNÉ   Alors envoie-moi tes disponibilités pour
l'été et je vais organiser ça.
CHRISTINE   C'est vraiment gentil, merci, je te reviens

très rapidement.

PIERRE-LUC DESGAGNÉ Ok, bye.

CHRISTINE Cet été-là, *J'aime Hydro* est devenu très concret. On a été invités à présenter la suite au Festival TransAmériques, à la Licorne et à l'Usine C, j'étais dépassée par les évènements, on allait faire cinq épisodes, on allait même les publier chez Atelier 10, il fallait que je les écrive. *Delete* était dans les parages tel un chevalier conquérant, j'essayais de tenir mes distances, mais en même temps je me demandais si je devais croire à ça, les conseils d'un vieil Indien qui m'avait fait une carte du ciel avec des roches aux Bahamas. J'avais des doutes.

Pendant que des citoyens de la Côte-Nord et des membres des communautés innues bloquaient la route vers la Romaine, je me suis envolée, le vendredi 7 aout 2015, à 7h30 du matin, vers Nemaska, «là où le poisson abonde». J'étais avec Pierre-Luc Desgagné, sa collègue Anne-Marie Prud'homme, conseillère en environnement chez Hydro-Québec, Philippe Bourke, alors directeur général du Regroupement national des conseils régionaux de l'environnement (RNCREQ), et Isabelle St-Germain, alors directrice générale adjointe d'Équiterre. Ils se connaissaient, j'étais un peu la petite nouvelle de la gang.

On a parlé de toutes sortes d'affaires, dont le transport électrique…

Bruit d'avion qui décolle.

CHRISTINE   Une fois dans les airs, je me suis sentie bizarre. J'étais heureuse d'être là, j'ai toujours rêvé de visiter les grands barrages, mais je me suis sentie… effrontée. Je me suis rendu compte que, jusque-là, je m'étais approprié la Baie-James comme si c'était la mienne, la nôtre, celle des Québécois. Et je me suis demandé : est-ce que les Autochtones du territoire, les Cris, se sentent eux aussi Québécois ? Sont-ils fiers de la nationalisation et du développement hydroélectrique au Québec ? Ont-ils le sentiment de faire partie du *nous* de «maitres chez nous» ? Est-ce que le poisson y abonde toujours ?

Je me suis sentie donc ben blanche avec des cheveux donc ben blonds. Je voyageais sur le dos des contribuables, parce que c'est dans nos factures qu'il est passé, ce voyage-là. J'allais visiter une réussite de ma société d'État que j'aime comme si ma culture était plus importante qu'une autre. Moi, mon Québec, moi, ma langue française, moi, mon eau, moi, mon électricité, moi, ma facture, moi, mon enquête citoyenne de théâtre, moi, mon histoire.

Musique de clôture d'épisode.

CHRISTINE Parce que, dans cet avion-là, je me suis sentie infiniment petite devant l'immensité de notre territoire.
Parce que chacun de mes électrons ne savait plus comment se tenir dans son vide.
Parce que je vous souhaite un bel entracte, on se retrouve dans 20 minutes.

Noir.

Épisode 4
GRANDEUR NATURE

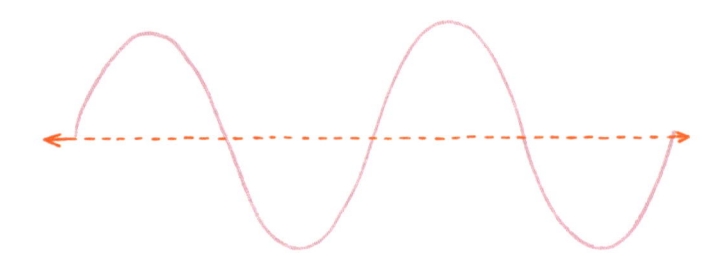

Sombre.
Un téléphone sonne.

CHRISTINE — Oui, allo ?

PIERRE COUTURE
Ph.D. en physique, chercheur senior à l'Institut de Recherche d'Hydro-Québec (IREQ) — *(Voix mystérieuse)* Oui, bonsoir, Pierre Couture à l'appareil.

CHRISTINE — Pierre Couture, concepteur du moteur-roue ?

PIERRE COUTURE — Oui. *(Temps)* J'ai bien reçu votre demande d'entrevue pour un spectacle de théâtre.

CHRISTINE — Oui, merci d'avoir appelé. J'aimerais beaucoup ajouter votre histoire à mon spectacle.

PIERRE COUTURE — Écoutez, c'est un dossier extrêmement litigieux, j'ai toujours dit que j'allais parler juste quand je serais à la retraite.

CHRISTINE — Ah, bon. C'est dommage —

PIERRE COUTURE — Mais ce que je peux vous dire, c'est qu'en 1982, j'ai commencé, avec une petite équipe chez Hydro-Québec, à développer une technologie de voiture électrique abordable pour régler le problème de la pollution due au transport routier. Et en 1995, ils ont détruit tout ce que je faisais. C'est pas compliqué.

CHRISTINE Quand vous dites «détruire»…
PIERRE COUTURE En fait, ce que je développais, c'était pas juste le moteur-roue, c'était un groupe de traction. Le moteur-roue est un élément du groupe de traction. Et on voulait que je fasse seulement le moteur-roue, et ça, c'était frauduleux.
CHRISTINE Pourquoi c'était frauduleux ?
PIERRE COUTURE Parce que c'est le groupe de traction qui donne au moteur toutes ses propriétés commerciales. À vrai dire, ils ont trafiqué carrément tout ce qu'ils ont présenté au CA pendant mes vacances. C'était clair qu'il y avait une volonté de détruire. Quelqu'un travaillait à détruire ça.
CHRISTINE Quelqu'un qui se sentait menacé par votre invention ?

Silence.

CHRISTINE Vous ne voulez pas parler de ça.
PIERRE COUTURE Non. C'est clair que je veux pas parler de ça. *(Temps)* Mais disons que j'ai réalisé, quand j'ai passé en commission parlementaire, qu'il y avait des forces en arrière qui étaient passablement plus grandes que celles que je pouvais gérer. C'est un dossier extrêmement litigieux.

CHRISTINE	Vous aviez confiance en votre invention ?
PIERRE COUTURE	On était visionnaires. Notre invention, une fois complétée avec une batterie au lithium-ion, ferait un 0-100 km/h en 3 secondes avec une carrosserie en acier. Aujourd'hui, Tesla le fait, mais avec une carrosserie en aluminium. Je demandais dix millions pour compléter la technologie de base. Dix millions, pour Hydro-Québec, c'est rien.
CHRISTINE	C'est de valeur que vous n'ayez pas pu aller au bout de votre travail.
PIERRE COUTURE	Je veux pas blâmer personne. J'étais pas obligé de faire ça chez Hydro-Québec en 1982. Personne m'a forcé ou demandé quoi que ce soit, je peux pas protester à ce niveau-là.
CHRISTINE	Est-ce qu'on aurait pu imaginer un Québec qui développe une industrie autour de cette technologie-là ?
PIERRE COUTURE	Ben oui, le but était de remplacer le V8 turbocompressé. C'est un marché mondial de centaines de milliards de dollars ! C'est ça qui a été détruit.

Son d'un téléphone qu'on raccroche.
Tonalité allongée.

Musique d'ouverture d'épisode, plus forte et dramatique.

CHRISTINE — Dans l'année qui a suivi, j'ai pas eu ben ben le temps d'écouter *Dans l'œil du dragon*.

AOUT 2015.
Découvrir, durant ma visite à Eastmain 1-A avec Pierre-Luc Desgagné, que la technologie des turbines de nos centrales n'est pas conçue au Québec.

SEPTEMBRE.
Faire des demandes de bourses d'écriture.
Faire des demandes de subventions.
Devenir coproductrice, avec Annabel, de *J'aime Hydro*.
Voir ma sœur plus jeune accoucher de son deuxième enfant.
Me demander si je fais de bons choix de vie.

OCTOBRE.
Me faire proposer de devenir porte-parole des Rendez-vous branchés d'Équiterre.
Me demander si je dois dire oui.

NOVEMBRE.
Renouer amoureusement.
Voir la commission Charbonneau dévoiler son rapport final.
Me demander si les chantiers de construction des barrages ont été analysés ou questionnés dans cette commission sur l'octroi de contrats dans le milieu de la construction.

DÉCEMBRE.
Apprendre que le gouvernement libéral de Philippe Couillard relance six projets de minicentrales.

JANVIER 2016.
Me mettre une alerte Google « Hydro-Québec ».
Recevoir cinq à six alertes par jour.

FÉVRIER.
Assister à la première allocution publique du nouveau président-directeur général d'Hydro-Québec, Éric Martel, à la Chambre de commerce.
Trouver qu'il a l'air *smatt*.

MARS.
Douter sérieusement de ma plume.

AVRIL.
Constater que la nouvelle politique énergétique du Québec[7] ne comporte aucune liste de rivières à harnacher jusqu'en 2030.
Être très étonnée de ça.
Me demander si c'est pas grâce à mes interventions aux audiences publiques.
LOL.

MAI.
Faire plein d'entrevues pour la promo de *J'aime Hydro* au Festival TransAmériques.
Trouver mon projet très difficile à expliquer aux journalistes : « C'est une pièce de théâtre documentaire au sujet d'Hydro-Québec, ça dure trois heures et demie, ça va devenir un *podcast*, on écrit ça en épisodes, on en présente trois, mais y en aura cinq »...
Ç'a toujours l'air *weird* et *fucking* plate.

JUIN.
Être invitée à *La soirée est (encore) jeune*.

Thème d'ouverture de l'émission.

FRED SAVARD   C'est un peu la Thierry Vandal du théâtre québécois, puisqu'elle aussi, elle aime

Hydro! (Rire) Accueillons Christine Beaulieu!

CHRISTINE
Être terrorisée et incapable de rire de cette comparaison avec Thierry Vandal.
Me dire que je suis en train de devenir une actrice *weird* qui fait des projets qu'on comprend pas.
Présenter les trois premiers épisodes au FTA.
Être ravie de la réaction du public et de la critique.

FRANCINE GRIMALDI
Du théâtre documentaire de la délicieuse et brillante comédienne Christine Beaulieu! C'est plein d'humour, et celui qui joue les 28 autres personnages, Mathieu Gosselin, est époustouflant!

CHRISTINE
6 JUIN.
Lire dans le plan stratégique d'Hydro-Québec: «Nous comptons déterminer d'ici 2020 quel sera notre prochain grand projet hydroélectrique après celui de la Romaine.»
Être confuse.

JUILLET.
Recevoir un courriel de mon père.

PAPA
Croyez-le, croyez-le pas! Voir photo en pièce jointe.

Hydro-Québec est venue éliminer le foutu poteau nuisible! Après six ans de réclamations. Finie, la saga! Hydro assumera tous les frais de ces travaux. Grand merci à ma persévérance ou à *J'aime Hydro*?

VUE DES BUREAUX DE PORTE PAROLE

CHRISTINE	SEPTEMBRE. Faire une réunion avec Annabel et le metteur en scène du spectacle, Philippe Cyr.
PHILIPPE CYR	*(Impatient)* Bon, là, ç'a marché, notre affaire. C'est ben beau, Grimaldi pis Petrowski ont tripé, mais là, on a la responsabilité de faire quelque chose avec *J'aime Hydro*. On va pas se contenter de faire une longue réunion ! Sinon on va se transformer en bureau d'audiences publiques pis il va rien se passer.
ANNABEL SOUTAR	*(Rire) I agree with you.*
PHILIPPE CYR	Là, on est à l'heure d'*agir* ! J'ai besoin qu'on fasse arriver les affaires. Pas qu'on attende qu'elles arrivent ! Il te reste juste deux épisodes, Christine. Il faut que tu t'*affirmes* !
ANNABEL SOUTAR	Ta pièce va être ton *héritage*, Christine ! Tu as une *responsabilité civile*, maintenant.

	Après tout ce travail-là, qu'est-ce que tu veux donner à ton public ? On va parler de ta pièce dans 20 ans ! Qu'est-ce que tu veux qu'elle dise, ta pièce ? Quelle est ta position ?
CHRISTINE	Si j'ai une position, Annabel, on est pus équilibrés !
PHILIPPE CYR	Pas ta position, mais ta posture, ton désir ! Beaucoup plus large qu'une opinion. Qu'est-ce qui te mobilise ?

Christine ne répond pas.

PHILIPPE CYR	Là, Christine, il faut que tu *chevauches ta matière, que tu orientes ton cheval* !
CHRISTINE	Mon cheval ?
ANNABEL SOUTAR	Et cela nous amène à un point délicat… L'entente que tu es sur le point de signer avec Nissan et Équiterre. Ton rôle comme porte-parole des Rendez-vous branchés… Tu penses pas que ta légiti, *legitimacy*—
CHRISTINE	Légitimité—
ANNABEL SOUTAR	Pas capable de dire ce mot en français… Tu penses pas qu'elle est menacée, si tu fais le promotion directe des chars électriques au Québec ?

Christine ne répond pas.

ANNABEL SOUTAR	On est en train de poser de profondes questions sur l'intention d'Hydro-Québec de continuer à agir comme des castors. Et

	le développement d'un réseau de bornes, et toute la publicité autour des chars électriques, tu crois pas que c'est aussi une façon de nous distraire et de justifier leur approche castor ? Nissan et Équiterre travaillent avec Hydro-Québec sur cette campagne promotionnelle, tu le sais ?
CHRISTINE	Oui.
PHILIPPE CYR	On va pas s'autocensurer parce que toi tu deviens *chummy-chummy* avec Hydro-Québec et que tu écris des textos à Pierre-Luc Desgagné.
CHRISTINE	Heille, wo là, je communique par textos avec tous mes intervenants.
ANNABEL SOUTAR	C'est pas un peu trop de proximité, tout ça ? Tu es très fine, Christine, et tu es quelqu'un qui a naturellement peur du conflit. Tu penses pas que cette collaboration ne fera qu'augmenter ta peur de confronter les vraies affaires ?
	(Sérieuse) Écoute, Philippe et moi, on a très peur que ta *gentillesse* nous empêche d'atteindre les objectifs plus grands de notre projet.

Temps.
Christine sort de scène.

MATHIEU DOYON	Bon, alors, Christine est partie. Elle avait l'air assez fâchée, je dirais…
MATHIEU GOSSELIN	Ouin, mais là, elle va-tu revenir, tu penses ?

Au loin, on entend la chanson « Sabotage » des Beastie Boys.

MATHIEU DOYON Ha! C'est pas moi qui ai lancé cette musique-là…

Une voiture électrique Nissan Leaf apparait sur scène. Christine en sort. Elle se place devant la voiture.

La vidéo promotionnelle originale de Christine devenue porte-parole des Rendez-vous branchés démarre, en synchro avec Christine sur scène.

CHRISTINE Grâce à ma voiture électrique, j'économise 1 500 $ par année, je roule sans bruit, sans polluer et, en plus, j'utilise une énergie renouvelable de chez nous. Dans la vie, faut se brancher pour avancer.

MATHIEU DOYON

CHRISTINE   Annabel et Philippe sont bouche bée.
Ben quoi? Je *m'affirme*! Très clairement, à part de ça. Je passe au transport électrique en collaboration avec Équiterre et Hydro-Québec et j'en suis très fière. Et je dis au Québec entier: «Il est vraiment temps de faire ce virage-là, on est déjà très en retard!» J'en fais ma *responsabilité civile*, Annabel. Tout ça en étant très gentille, parce que je pense pas du tout que ma *gentillesse* empêche quoi que ce soit; au contraire, elle est très active, ma gentillesse! Mais elle a des limites, aussi. Je suis tannée des politiques énergétiques, des plans stratégiques, des discussions pis des rapports! J'ai besoin de concret, j'ai sérieusement besoin de revenir à la base. J'ai décidé, Annabel, que mon *héritage* allait certainement pas être «un *show* de théâtre d'une fille de Montréal qui parle d'une affaire qu'elle connait pas». J'ai décidé d'*agir*, Philippe. Je vais donc *chevaucher mon cheval électrique* et l'*orienter* vers la Romaine!

ANNABEL SOUTAR   *(Découragée)* Tu pourras pas te rendre à la Romaine, Christine, y a pas de bornes électriques sur la Côte-Nord.

CHRISTINE   Mon char fonctionne à l'électricité! Je peux pas croire que je vais pas croiser d'électricité sur mon chemin vers un chantier hydroélectrique!

(Au public) Je m'étais dit ça!

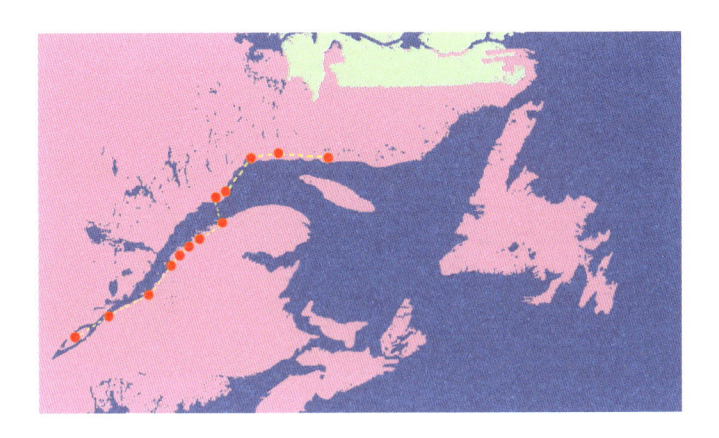

CHRISTINE

Le 11 octobre 2016, je suis partie rien que sur une gosse, pas trop préparée. J'avais une semaine de libre, avec ma fête en plein milieu, mais je suis partie pareil. Dans ma valise, j'ai mis : mon EVDuty portatif — ça, c'est la patente avec laquelle je charge ma voiture à la maison —, des adaptateurs, des rallonges, la caméra 5D d'une amie et mon enregistreuse.

Ma voiture a une autonomie d'environ 150 km. Je me suis donc arrêtée en chemin pour recharger ma Nissan Leaf sur des bornes rapides du circuit électrique d'Hydro-Québec. À chaque borne, j'attends environ 25 minutes et je poursuis mon chemin.

Drummondville.

4,89 $

Lévis.

4,04 $

La Pocatière.

4,75 $

J'ai dormi à l'hôtel Universel de Rivière-du-Loup. Toute la nuit, ma voiture s'est rechargée gratuitement sur une borne offerte par l'hôtel.

Le lendemain, je me suis arrêtée à la Fromagerie des Basques. Ça, c'était juste pour le *fun*, j'avais même pas besoin d'électricité. J'ai quand même mis 1 $ dans la borne, qui a l'air d'un parcomètre.

Rimouski. Là, j'ai demandé à une madame de me prendre en photo parce qu'Équiterre voulait des détails de mon périple, ç'a donné ça.

3,43 $

Matane.

4,83 $

J'ai pris le traversier vers Godbout. C'était gratuit pour ma voiture électrique, et c'était pas mal beau.

J'ai demandé à un monsieur de me prendre en photo, il a laissé son doigt sur le piton, ça a donné un *stop motion*.

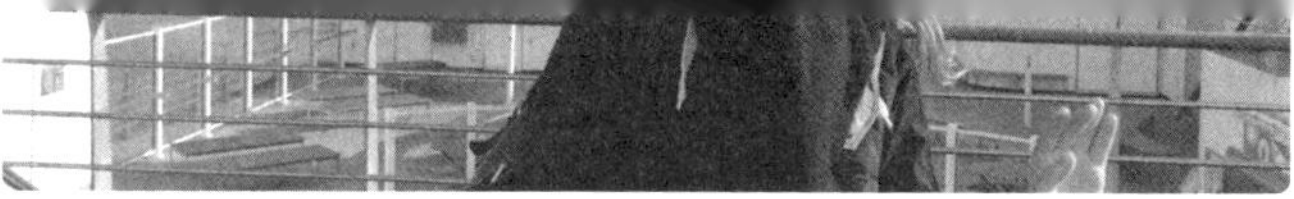
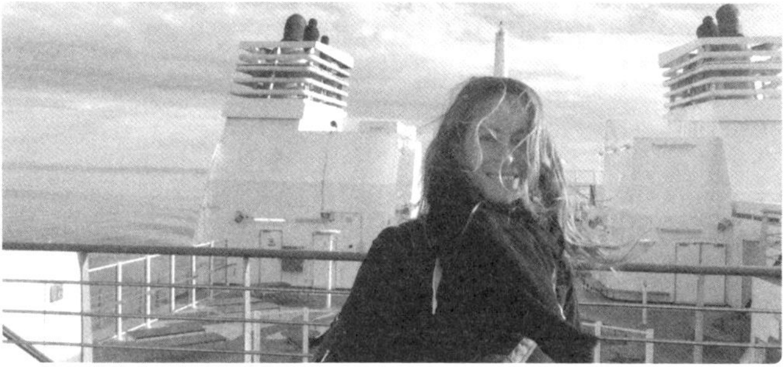
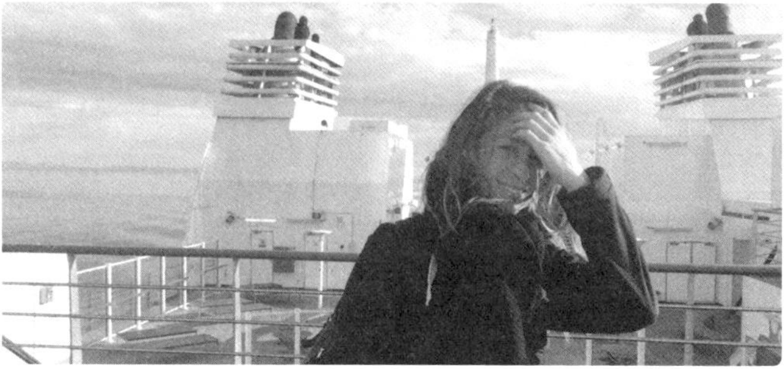
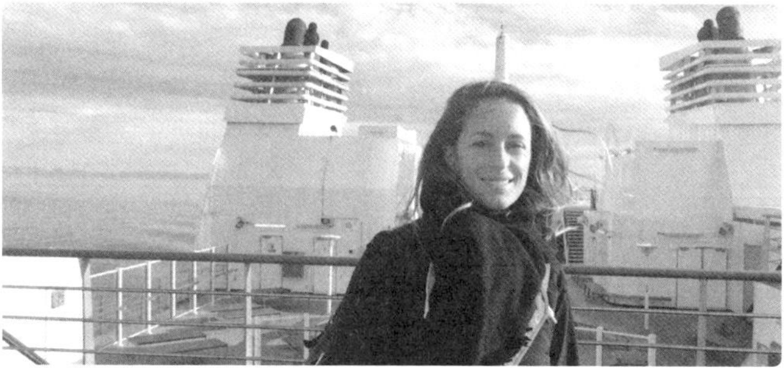
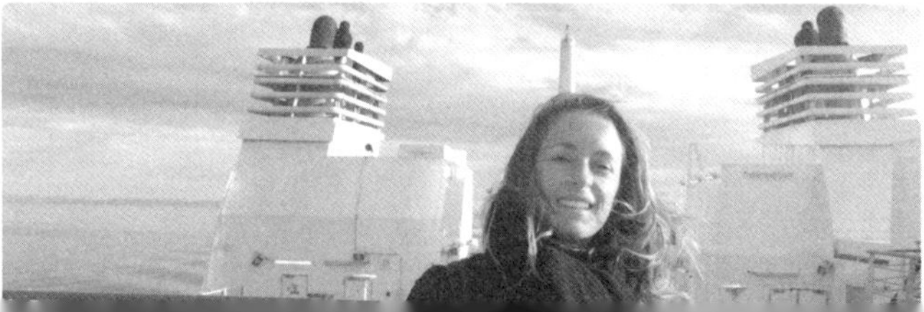

À partir de Godbout, c'est une autre paire de manches. Parce que, sur la Côte-Nord, y a pas de réseau de bornes rapides, y en a pas! La seule et unique borne électrique de toute la région se situe à l'hôtel des Gouverneurs de Sept-Îles mais c'est à 180 km de Godbout, alors j'ai dû m'arrêter chez un bon samaritain, Ti-Jean à Baie-Trinité.

Il m'a patenté une affaire pour ploguer mon char su'l 220 volts — c'est comme une plogue à sécheuse ou à four, ça prend environ trois heures à charger. Alors on a jasé avec une bonne Coors Light tablette.

TI-JEAN PROULX PDG chez J. R. Proulx & Fils inc., Navigation et manutention de débris flottants	Qu'est-ce tu fais là avec ton char électrique su'a Côte-Nord ?
CHRISTINE	Je fais un *show* de théâtre qui parle de la Romaine pis je me suis dit qu'il fallait ben que je la voie.
TI-JEAN PROULX	Ben ouais.
CHRISTINE	Vous ? Vous faites quoi comme boulot avec votre bateau pis votre chargeuse ?
TI-JEAN PROULX	De la drave.
CHRISTINE	De la drave ? Ah, ouin !? Mon père a déjà été draveur !
TI-JEAN PROULX	Ah ouais ! Nous autres, on fait de la drave pour ramasser le bois qui s'accumule sur les réservoirs d'Hydro.
CHRISTINE	Ah, donc vous faites des contrats pour Hydro-Québec ?
TI-JEAN PROULX	Oui. Comme là, Hydro-Québec a fait un appel d'offres pour ramasser le bois dans

ÉPISODE 4   165

	un des réservoirs de la Romaine. On a fait une soumission, là, on attend la réponse.
CHRISTINE	Bon. Comment ça marche ? Un appel d'offres, c'est quand Hydro-Québec annonce « On a cette *job*-là à faire faire », et là, quoi, y a plusieurs compagnies comme la vôtre qui soumissionnent ? Un à tel prix, l'autre à tel prix, pis Hydro-Québec choisit ?
TI-JEAN PROULX	Ouais, c'est ça. On espère que ça va marcher. On manque de *job*, ici. C'est une grosse *job*, y parait qu'y a pas mal de bois qui flotte.
CHRISTINE	Ah ouais, comment ça ?
TI-JEAN PROULX	Ils l'ont pas ben ramassé. Mais à la Romaine, même le bois qu'ils ont coupé est en train de pourrir sur le bord du chemin… Y a 40 000 m³ de bois qui pourrit en ce moment.
CHRISTINE	Ben voyons donc.

(Au public) J'ai donné une bouteille de brandy à Ti-Jean pour le remercier de son électricité et je suis repartie, préoccupée par cette histoire de bois qui trainerait sur le bord de la route.

Je suis finalement arrivée à Sept-Îles à la noirceur, et la seule et unique borne de toute la Côte-Nord était utilisée ! La madame à la réception de l'hôtel n'en revenait pas !

RÉCEPTIONNISTE DE L'HÔTEL DES GOUVERNEURS

Ben voyons, y a jamais personne de plogué là-dessus!

CHRISTINE

(Au public) Par chance, le lendemain, je ne reprenais pas la route. C'était le 14 octobre, jour de mon 35e anniversaire, et je suis allée rencontrer un des plus grands personnages du milieu de la construction au Québec : Bernard Gauthier, surnommé Rambo.

BERNARD GAUTHIER
Syndicaliste, représentant de la section locale FTQ 791 des opérateurs de machinerie lourde

(Avec aplomb) La Romaine, c'est la pire chose qui nous est arrivée dans les 40 dernières années!

CHRISTINE Ben voyons donc.

BERNARD GAUTHIER La pire chose! Et je persiste et re-signe: la pire câlisse de chose!

CHRISTINE Tu permets que je t'enregistre?

BERNARD GAUTHIER T'es mieux, parce que quand j'pars, e'j'pars…

CHRISTINE Ouais, pis j'voudrais pas te manquer.

BERNARD GAUTHIER Nos quatre principales villes de la Côte-Nord — j'entends Sept-Îles, Havre-Saint-Pierre, Forestville pis Baie-Comeau — sont en train de crever avec un projet de 7,2 G$ dans notre cour. Record de faillites, record de saisies de maisons, record de suicides, tout le monde déménage! On vient de perdre 2 000 familles, là! Si c'était à refaire, c'est sûr qu'on dirait «*No fucking way*»!

CHRISTINE — Mais toi, au départ, t'étais pour que le projet Romaine se fasse, non?

BERNARD GAUTHIER — Moi, ma tâche, c'est de trouver de la *job* à mes pères pis mes mères de famille. On n'est pas durs à convaincre, on veut des *jobs*! Tu comprends?

CHRISTINE — Ouais. Et donc, aviez-vous signé quelque chose avec Hydro-Québec, avant de donner votre accord pour le projet? Je sais pas moi, une entente sur le pourcentage de travailleurs de la région?

BERNARD GAUTHIER — Non non non. Quand la gang de promoteurs d'Hydro-Québec sont venus icitte, ils vantaient le projet: «Ça va être le *fun*, la région va exploser, tout le monde va travailler!» Ils nous ont fait de belles promesses, des poignées de mains, des rencontres incroyables… Ben, nous autres, on croyait à ces poignées de mains-là! Mais on n'aurait pas dû. Nos entrepreneurs ont même pas pogné un pour cent des contrats à la Romaine!

CHRISTINE — Pourquoi, tu penses?

BERNARD GAUTHIER — Parce que nous autres, icitte su'a Côte-Nord, on avait demandé à nos entrepreneurs de respecter la convention à la lettre, pis de soumissionner comme du monde, OK? Sauf que, parce qu'on respectait les règles, on était pénalisés, pis ceuses qui arrivaient d'ailleurs pis qui trichaient

	étaient avantagés! C'est le monde à l'envers, crisse!
CHRISTINE	Peux-tu me donner un exemple de ça?
BERNARD GAUTHIER	Admettons un contrat évalué à huit millions. Bon, normalement, t'as pas une différence très grande entre chaque soumission, ça peut être 50, 60, 100 000. Ça, c'est raisonnable, ça veut dire que c'est ben fait. Mais là, à la Romaine, tu vois des contrats qui sont octroyés avec des différences de trois, quatre millions sur un contrat de huit millions! Ça prend pas la tête à Papineau pour comprendre qu'il y a une crosse quelque part!
CHRISTINE	Ben voyons, quand Hydro-Québec reçoit une soumission à la moitié du prix de leur évaluation, ils sont pas caves, ils doivent ben se douter qu'il y a quelque chose qui cloche avec cette soumission-là, non?
BERNARD GAUTHIER	Hydro-Québec, y s'en tabarnaquent! Y jousent aux cartes avec ton argent pis mon argent. C'est le *fun* de *gambler* quand c'est pas ton argent, c'est pas stressant pantoute! Pourtant, avant, c'était pas comme ça. Hydro-Québec était un modèle au niveau des conditions de travail. Ben, aujourd'hui, je suis à peu près certain que c'est pire que dans les pays du tiers-monde, tabarnak.
CHRISTINE	*(Incrédule)* Les pays du tiers-monde, Bernard?

BERNARD GAUTHIER	*(Émotif)* La sécurité est carrément mise de côté. Y a eu quatre morts à la Romaine! Quatre! Pis à chaque crisse de fois, c'est Hydro-Québec qui est fautif. Mais Hydro-Québec est pas imputable, tu comprends… Tu peux pas poursuivre Hydro-Québec.
CHRISTINE	Tu peux pas poursuivre Hydro-Québec?
BERNARD GAUTHIER	Tu peux pas.
CHRISTINE	Pourquoi?
BERNARD GAUTHIER	Je sais pas. C'est écrit à quelque part. C'est leur chantier, c'est les maitres d'œuvre. *(Grave)* Y a un gars qui est mort noyé dans son abatteuse. Y a un jeune de Rimouski qui est mort en tombant en bas d'une plateforme sur un camion-remorque. Pis y en a eu deux autres.

Silence.

CHRISTINE	C'est terrible! Comment ça, donc?
BERNARD GAUTHIER	La raison est fort simple: t'as des chefs de chantiers à chaque barrage, OK, pis eux autres, si leur contrat est exécuté dans l'échéancier, y ont des bonus. Pis le bonus, y doit être bon en ostie parce que ces gars-là se câlissent carrément de nos travailleurs.
CHRISTINE	*(Offusquée)* Attends un peu. On bousculerait des étapes de travail pour être certains de ne pas dépasser le budget ou l'échéancier, même au détriment de la sécurité des travailleurs? C'est ça que tu me dis?

BERNARD GAUTHIER	Exactement. En accordant des contrats au plus bas soumissionnaire !
CHRISTINE	Exemple de ça aussi, s'il te plait ?
BERNARD GAUTHIER	Le contrat pour le dernier tronçon de route, de Romaine-3 à Romaine-4, a été octroyé à une entreprise qui a jamais travaillé dans un chantier hydroélectrique.
CHRISTINE	Elle l'a eu parce que c'est elle qui a soumissionné le moins cher, c'est ça ?
BERNARD GAUTHIER	Exactement ! Zéro expérience ! Mais Hydro-Québec s'en est lavé les mains en disant « Moé, le gouvernement me dit qu'il faut que je prenne le plus bas ! ». Ben à quel prix, mon ostie de plein de marde ? Le lendemain, l'entreprise se cherchait quatre contremaitres su' Facebook !
CHRISTINE	*(Choquée)* Ben voyons donc.
BERNARD GAUTHIER	Ça va pas ben là-dedans ! *(Pointant sa tête)*
CHRISTINE	Ils vérifient pas la compétence ? Ils regardent juste juste juste le prix de la soumission ? Me semble que ça se peut pas.
BERNARD GAUTHIER	En bout de ligne, quand le contrat est fini, tu t'aperçois qu'y a des dépassements de couts, des ci, des ça, pis ça finit que ça coute plus cher que ça aurait dû couter au départ avec une soumission qui a de l'allure. Tabarnak de logique de débile de moineau ! Ostie, j'en reviens pas.
CHRISTINE	Mais là, est-ce que la compagnie arrive au moins à faire le travail comme il faut ?
BERNARD GAUTHIER	Ben non ! Y étaient supposés finir la route à' mi-aout, ben y vont finir en décembre.

Mais là, EBC pis Pomerleau, faut qu'y aillent faire la dérivation en haut à' Romaine-4, pis y ont besoin du chemin pour se rendre. Faque, en ce moment, t'as deux, trois mégaentreprises sur un ti-crisse de chemin pas fini. C'est pour ça que le jeune est mort, y avait pas de place pour travailler oùssé qu'y était !

À chaque jour, on risque nos vies, mais eux autres ils s'en foutent, *cash cash cash*. Je te jure que, jusqu'à ma mort, les osties vont m'avoir dans leu' pattes, je te le jure icitte. On n'a pas le choix. On n'a pas de poids politique ! Ils se câlissent de nous autres : « On va aller exploiter leurs richesses, ramasser leur argent, pis leur donner un ti-nanane de temps en temps pour qu'y ferment leurs gueules, les petits chihuahuas. »

CHRISTINE	C'est de même que vous vous sentez, ici ?
BERNARD GAUTHIER	Je me sens pas de même, *c'est* de même, crisse !
CHRISTINE	*(Au public)* En sortant de là, je me suis dit « 35 ans, ça fesse ! ». Et j'ai repris la route vers le nord.

CHRISTINE

Je me suis arrêtée au garage de Gaétan Poulin, à Rivière-au-Tonnerre, et j'ai branché mon EVDuty directement dans la prise à souder. Du 240 volts, ç'a pris deux heures et demie. Faut pas être trop pressée, mettons. À peu près tous les hommes du village sont venus voir « quessé qui se passait au garage à Gaétan ». J'ai donné une bouteille de brandy à Gaétan et ses amis et j'ai repris la route pour mon dernier *stretch*.

La pleine lune s'est levée droit devant moi sur la route, c'était grandiose. La Côte-Nord est absolument magnifique, si vous ne l'avez jamais visitée, je vous la recommande chaudement.

CHRISTINE

J'étais très émue quand je suis finalement arrivée à Havre-Saint-Pierre, au gite Quatre Saisons. J'ai été accueillie par la chaleureuse Cécile et j'ai branché mon char sur une plogue de maison normale, du 110 volts. Je suis devenue la première personne au monde à se rendre à Havre-Saint-Pierre avec une voiture 100 % électrique ! J'étais pas peu fière.

Le lendemain matin, je suis allée rencontrer l'ancien maire de Havre-Saint-Pierre et ancien préfet de la Minganie, un des plus grands défenseurs du projet Romaine, Pierre Cormier.

PIERRE CORMIER Directeur de l'Association nationale des camionneurs artisans indépendants (ANCAI) du poste de courtage de Havre-Saint-Pierre, Natashquan et Blanc-Sablon	*(Grosse voix grave)* Les barrages de la Romaine, icitte, là, c't'important! Si c'était pas des redevances de la Romaine, les petites municipalités comme Natashquan, Baie-Johan-Beetz, Anticosti pis Aguanish seraient dans' misère pis pas à peu près. On a été chercher 760 M$ pour la région! C'est quand même pas mauvais!
CHRISTINE	Quand vous dites 760 M$, c'est les redevances de la Romaine sur 50 ans?
MATHIEU DOYON	Il fouille dans sa poche, sort un papier.
PIERRE CORMIER	Par exemple, Anticosti… Sur 50 ans, il va rentrer 34 753 000 $.
CHRISTINE	Vous avez ça dans votre poche? *(Rire)*
PIERRE CORMIER	Ça, c'est ma négociation de la Romaine, ça!
CHRISTINE	Dans votre poche?
PIERRE CORMIER	Ouais, je l'ai, là, quand quelqu'un arrive pis veut s'*astiner*, je les ai, les chiffres! *(Rire)* Moi là, le projet de la Romaine, je

pourrais vous en parler sans arrêt. On a ouvert 150 km de chemins dans le nord, on peut créer toutes sortes de développements récréotouristiques, de chasse, de pêche, des mines… Avec 1 600 MW ici, tu peux amener des industries. Si on veut développer, faut qu'on se donne les outils ! Le Plan Nord, nous autres, on est prêts ! Amenez-en, du développement, on est prêts !

CHRISTINE Donc vous ne regrettez pas ce projet-là, même s'il est contesté dans sa rentabilité ?

PIERRE CORMIER Ah, non non non, d'aucune façon je regrette ça. D'aucune façon ! Ça serait à r'faire, je r'f'rais la même chose ! On a pris la meilleure décision. On a sauvé la région avec ça ! La Côte-Nord, on est les oubliés du Québec, madame ! On n'a pas de poids politique ! Pas sûr que les gens mesurent l'importance de ce projet-là, on entend tellement de critiques négatives, le négatif passe par-dessus le positif.

CHRISTINE *(Au public)* Ensuite, je me suis rendue à l'hôtel de ville de Havre-Saint-Pierre.

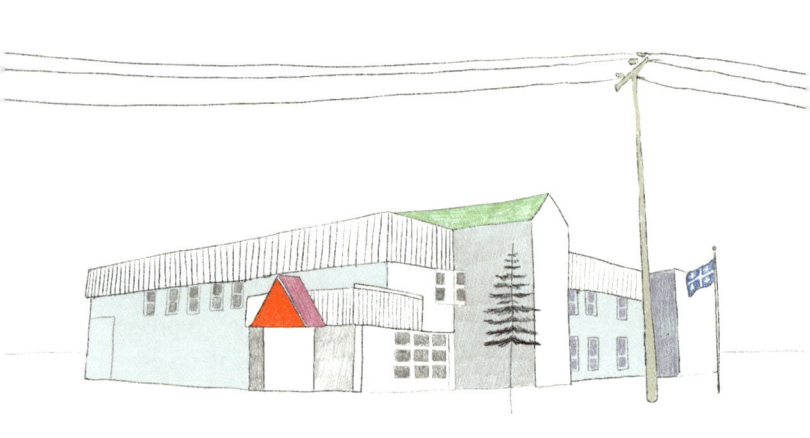

BERCHMANS BOUDREAU L'après-projet Romaine, c'est très intéres-
Maire de Havre-Saint-Pierre sant pour nous. Ça donne 70 emplois régu-
depuis 2009 liers ici, au Havre, et plus d'une centaine
dans la région!

CHRISTINE Une centaine d'emplois stables une fois
le chantier fini! C'est plus que je pen-
sais. Mais, dites-moi, le fait que le projet
Romaine soit critiqué dans sa rentabilité,
comment vous vous sentez par rapport à
ça?

BERCHMANS BOUDREAU Faut pas attendre d'être dans le besoin
pour commencer à construire. Si tu vas
dans un magasin pis qu'y a rien sur les
tablettes, t'achètes pas! C'est ma vision
des choses. Ces infrastructures-là vont
servir quand le boom va arriver.

CHRISTINE Le boom?

BERCHMANS BOUDREAU Le Plan Nord. Pis j'espère que ce sera pas
un boom artificiel.

Temps

CHRISTINE *(Au public)* Rapidement, j'ai compris que les gens d'ici ont désespérément besoin de projets, de *jobs*. Ce besoin-là est très urgent, ça brule ! Alors ma question à savoir si la Romaine est ultimement un bon projet pour l'ensemble du Québec, c'est pas qu'ils s'en foutent, mais c'est tellement pas leur priorité. Ils pensent d'abord à leur famille, à leur municipalité. Cent emplois stables dans la région, c'est énorme !

C'est comme la première fois que je suis allée au Nicaragua... Là, je compare pas le Nicaragua et la Côte-Nord, mais je me souviens que j'étais triste de voir plein de cochonneries de plastique trainer dans des lieux touristiques magnifiques. Mais en même temps, c'était complètement absurde de parler de recyclage avec des gens qui avaient de la misère à manger à leur faim. Je me sentais sensiblement pareil avec mon souci de rentabilité ou de légitimité du projet Romaine face au besoin des Nord-Côtiers, beaucoup plus urgent, de sauver leur région.

JOËL MALEC
Entrepreneur et
conseiller spécial du
chef de Nutashkuan

Ma communauté a été une des premières à se faire miroiter que, si elle signait une entente, elle allait avoir beaucoup de contrats.

CHRISTINE

Joël Malec est un Innu de ma génération, de la réserve de Nutashkuan, qui a souvent manifesté en bloquant la route vers la Romaine.

JOËL MALEC

Ils sont venus ici avec des feux d'artifice, avec une prestance, tellement charmeurs. Tout était beau! Mais, ce qu'ils nous disaient pas, c'est qu'Hydro-Québec est gouvernée par le gouvernement, et que le gouvernement est gouverné par les multinationales. Au fil du temps, j'ai découvert que le système est fait de même. C'était précalculé. Les contrats de gré à gré négociés avec nous autres, finalement, ça allait être les grosses compagnies qui allaient les faire. Remabec, c'est une des plus grosses compagnies forestières au Québec. Ben ma communauté s'est fait avoir par cette compagnie-là.

CHRISTINE Mais, au départ, c'est vous qui aviez décidé de faire un partenariat avec Remabec ?

JOËL MALEC C'est que c'est très pauvre, chez nous. Quand on pogne un contrat de déboisement, on peut pas, du jour au lendemain, s'acheter de la machinerie pour déboiser. Il faut absolument faire une association avec une autre plus grosse compagnie, qui, elle, est équipée. Le problème, c'est que notre partenariat s'arrêtait à la scierie. Toute le bois qui sortait de là nous appartenait pus, et c'est là que la piasse est. Remabec vendait à l'international.

CHRISTINE Et vous n'aviez pas de parts sur ces ventes-là ?

JOËL MALEC Non. C'était toute calculé. Nous, on est un peuple qui planifie pas. On avait confiance en Hydro-Québec, on s'est fait avoir. Dernièrement, Hydro-Québec a ennoyé le réservoir #2 sans nous avertir, sans le déboiser au complet. Il est plein d'arbres ! C'est dégueulasse ! Six pieds d'arbres partout dans le réservoir. Ils l'ont pas déboisé !

CHRISTINE Pourquoi ?

JOËL MALEC L'argent ! Ils ont pas d'éthique, Hydro-Québec. La seule éthique qu'ils ont, c'est de sauver de l'argent. Aujourd'hui, c'est l'argent qui mène le monde. Faque à partir de là, faut que tu te battes, c'est ta seule option.

CHRISTINE *(Au public)* Ce soir-là, je suis allée manger de la pizza aux fruits de mer au restaurant Chez Julie, avec un environnementaliste du coin, Jacques Gélineau, et sa femme, Ginette Paquet.

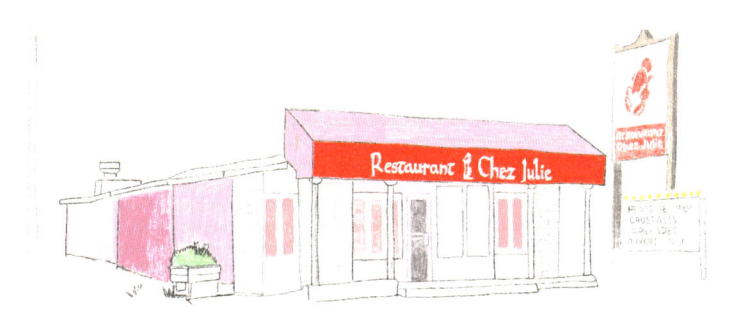

JACQUES GÉLINEAU	En 2007, je me suis présenté comme candidat, ici, pour le parti Vert.
GINETTE PAQUET	*(Très douce)* Ouais, pis il s'est fait tirer des roches.
CHRISTINE	Ah oui, hein? Tu te faisais intimider?
JACQUES GÉLINEAU	Ouais... Ouais... Les gens ici veulent de la *job*. L'environnement, c'est un détail pour eux, alors qu'une rivière en santé, c'est essentiel à l'humain! À la sortie de la rivière Romaine, t'as une zostéraie.
CHRISTINE	Une quoi?
GINETTE PAQUET	Une zostéraie.
JACQUES GÉLINEAU	La zostère, c'est une plante aquatique qui colonise le fond marin. Ça protège les larves de poissons de la prédation et ça permet une pêcherie florissante.
CHRISTINE	Comment les barrages peuvent affecter la zostéraie?
JACQUES GÉLINEAU	La zostéraie est dépendante des caractéristiques du site où elle s'est implantée.

Toute perturbation de son écosystème peut la menacer. Par exemple, une des plus grandes zostéraies du Canada était dans la baie James et elle a pratiquement disparu !

CHRISTINE
Comment ?

JACQUES GÉLINEAU
On sait pas exactement. Mais une chose est certaine, les barrages, ça transforme le débit. La baie James reçoit, depuis la construction des grands barrages, un gros flux d'eau douce en plein hiver qu'elle ne recevait pas avant, et très peu d'eau douce au printemps, alors qu'avant elle en recevait beaucoup. Ça, là, ça change complètement la salinité dans la baie et ça peut certainement affecter la zostéraie.

CHRISTINE
Mais dans le fleuve, ici, Hydro-Québec contrôle le débit d'eau, à l'embouchure de la Romaine.

JACQUES GÉLINEAU
C'est certain qu'Hydro-Québec vont dire qu'ils protègent la zostéraie. Mais il faut arrêter de se faire accroire que construire des barrages partout, ça change rien nulle part ! Le problème, c'est qu'Hydro-Québec fait aucune étude d'impact cumulative, c'est-à-dire qui tient compte de toutes les installations hydroélectriques dans le fleuve.

CHRISTINE
Hydro-Québec est réputée pour faire des études environnementales très sérieuses.

JACQUES GÉLINEAU
Personnellement, tant et aussi longtemps que les études d'impact d'Hydro-Québec

seront faites par des compagnies payées par Hydro-Québec, j'aurai des doutes... *(Temps)* L'autre affaire, c'est que, quand tu ennoies, comme ça, des centaines de kilomètres carrés de terrain pour faire des réservoirs, la dégradation de la tourbe, de l'humus, de tout ce que tu ennoies, finalement, ben ça crée du mercure, du carbone et du méthane.

CHRISTINE Donc, nos grands réservoirs émettent des gaz à effet de serre ?

JACQUES GÉLINEAU Oui.

CHRISTINE Mais quand on dit que la grande hydro, c'est propre, vert et renouvelable...

JACQUES GÉLINEAU C'est pas vrai. C'est pas propre, c'est pas vert —

GINETTE PAQUET C'est juste renouvelable.

JACQUES GÉLINEAU C'est pour ça que les groupes de pression sont excessivement importants au Québec. Mais ça prend du courage parce que, dès que tu poses une question, on essaie de t'écraser. Je le sais d'expérience, je me suis promené avec un *gun* de poivre de Cayenne dins poches pendant un an.

GINETTE PAQUET C'était pas l'*fun* pantoute. J'ai pas aimé ça du tout, du tout. Pauvre Christine, tu as pas un dossier très joyeux entre les mains ! Hydro pis la Romaine. Tout ce que tu récoltes doit être négatif, négatif, négatif ! *

---

* *Voir «Droit de réplique à Hydro-Québec», p. 250.*

ÉPISODE 4

CHRISTINE *(Au public)* Le matin du dimanche 16 octobre, j'étais tellement affectée par tout ce que j'entendais que j'ai décidé d'écrire un courriel à Éric Martel, nouveau PDG d'Hydro-Québec, pour lui demander une entrevue pour le spectacle. Cinq minutes après mon envoi, j'ai reçu sa confirmation ! Un dimanche matin ! Ça avait tellement bien été, mon affaire, que j'ai aussi écrit au ministre des Ressources naturelles, Pierre Arcand, par l'intermédiaire de son conseiller, Guillaume Demers, qu'on a rencontré à l'épisode 2.

Le lendemain matin, je partais visiter le chantier Romaine-3 avec une équipe d'Hydro-Québec. J'avais fait une demande à la dernière minute et ils m'ont organisé une visite privée. Je suis donc montée en

ÉPISODE 4   187

pick-up avec deux conseillers d'Hydro-Québec, Mathieu Rouy et Sandra Chiasson.

J'étais fébrile. J'arrivais sur les lieux du projet controversé qui avait déclenché *J'aime Hydro*. J'étais tiraillée par toutes sortes d'émotions contraires. La première installation visible de la route, c'est la centrale Romaine-1.

Ici, avant, il y avait une grande chute qui grondait fort. Maintenant, il y a une centrale qui produit 270 MW d'électricité. La journée était magnifique, les installations régnaient, impressionnantes, dans un silence nouveau.

On a repris la route et, après plus d'une heure, on est arrivés au campement. C'est comme une petite ville temporaire dans le fond du bois. Les travailleurs habitent ici, dorment ici, mangent ici, vont au gym ici. On s'est arrêtés pour diner au casse-croute du chantier.

J'ai mangé une poutine qui n'était pas piquée des vers et on s'est rendus au bureau du maitre de chantier.

JEAN-PIERRE PERRON Ingénieur chez Hydro-Québec	*(Souriant, lui tend la main)* Bonjour, Jean-Pierre Perron.
CHRISTINE	Bonjour, Christine. Vous êtes chef de chantier de Romaine-3?
JEAN-PIERRE PERRON	Chantiers 3 et 4, ouais! J'ai tout le temps fait ça, de la centrale, moi! J'ai commencé à LG-3, à la Baie-James, en 1982. Viens-t'en, on part! On va commencer par aller dans le futur réservoir, je pense que tu vas aimer ça.
CHRISTINE	*(Au public)* J'ai eu un vrai coup de cœur pour Jean-Pierre. C'est une des personnes les plus sympathiques que j'aie rencontrées dans ma vie. Il est passionné, généreux, il m'a fait faire un tour incroyable, il m'expliquait tout, il était jamais fatigué, il avait jamais froid. Il était tellement *smatt* que je me demandais si j'allais être capable de le confronter avec mes questions…

	(À Jean-Pierre) Donc, là, Jean-Pierre, on est dans le futur réservoir # 3, c'est ça ?
JEAN-PIERRE PERRON	Oui. Vers le 15 de mai, on va fermer les deux grosses portes, là, et ça va se remplir ici !
CHRISTINE	Ça va être plein d'eau ici ! Que c'est gros !

Christine remarque qu'il y a beaucoup d'arbres qui ne sont toujours pas coupés dans le futur réservoir.

CHRISTINE	Mais ces arbres-là, Jean-Pierre, ils seront ennoyés ?
JEAN-PIERRE PERRON	Ouais.
CHRISTINE	On n'est pas censé couper les arbres dans le réservoir ?
JEAN-PIERRE PERRON	Non non, ça, ça reste là. La pente est trop grande, personne est capable d'aller là.
CHRISTINE	Pas capable d'aller couper ça ? Même pas, je sais pas, moi, des gars avec des *chainsaws*, mettons ?
JEAN-PIERRE PERRON	Ben manuel, oui, mais c'est de l'ouvrage…
CHRISTINE	Ben, c'est pas ça que le monde veut, icitte,

de l'ouvrage, Jean-Pierre ?

JEAN-PIERRE PERRON Ouais ouais, mais y a un certain danger à aller là. Nous, on suit les règles du ministère, quand la pente est à plus de 40 %, on peut pas y aller parce que c'est dangereux. Et quand la densité de bois est de moins de 50 m² à l'hectare, on coupe pas non plus parce que ça serait pas rentable. C'est les ententes qu'on a avec le ministère. Viens, on va aller voir la prise d'eau !

CHRISTINE *(Au public)* On a repris la route. *(À Jean-Pierre)* Y a combien de gens qui travaillent sur le chantier ?

JEAN-PIERRE PERRON On a 1 500 personnes d'enregistrées, y en a tout le temps 20 % qui sont en vacances, faque t'as à peu près 1 200 personnes de présentes ici.

CHRISTINE Ça travaille combien d'heures par jour ?

JEAN-PIERRE PERRON Vingt heures par jour, sur des chiffres de dix heures.

CHRISTINE Même quand il fait noir ?

JEAN-PIERRE PERRON Ouais, on éclaire, ça fait comme si on était en plein jour, pis on continue.

CHRISTINE *(Au public)* Là, j'ai pensé aux accidents mortels qui ont eu lieu sur le chantier. Je me suis dit que Jean-Pierre devait les connaître. C'est devenu tout à coup très concret, j'ai imaginé le tragique de chacune de ces morts. Ça m'a ébranlée et j'ai été incapable d'en parler avec lui… En fait, c'est devenu totalement inconcevable pour moi que Jean-Pierre puisse négliger la sécurité des travailleurs pour obtenir un bonus.

Avant d'arriver à la prise d'eau, on a eu une vue imprenable sur le nord de la rivière Romaine, alors on a pris une photo d'équipe.

JEAN-PIERRE PERRON Ah, ça, Christine, c'est la prise d'eau.

|||Quand le réservoir va être plein, l'eau va entrer juste ici et elle va couler dans la galerie d'amenée, un gros tunnel. La centrale est à 1,7 km plus bas.
CHRISTINE | Toute l'eau de la rivière va entrer dans cette porte-là! Mais donc, la rivière va être sèche sur 1,7 km?
JEAN-PIERRE PERRON | Ouais. Oh, je pense que je peux te montrer la galerie d'amenée. On est très chanceux, viens!

CHRISTINE | *(Au public)* Là, franchement, j'étais très impressionnée, c'est rare qu'on a la chance de visiter la galerie d'amenée! Bientôt, ici, il va couler des tonnes d'eau qui vont activer deux turbines au bout là-bas.

Ensuite, on est entrés dans la centrale, et c'était extrêmement intéressant parce que j'ai vu la turbine en train de se faire assembler.

Ça, c'est le rotor, la partie de la turbine qui va tourner. Il va y avoir un aimant dans chacune de ces craques-là. Et, une fois assemblé, le rotor va se faire transporter par une grue et va rentrer dans le stator— —qui lui est fait en grande partie de cuivre. C'est là-dedans que les électrons vont sauter d'un atome à un autre !

Et cette turbine est conçue par Alstom, qui appartient maintenant à General Electric, la compagnie de Thomas Edison.

Et finalement, on est ressortis.

JEAN-PIERRE PERRON	Ça, c'est le transformateur, Christine. Lui, il va monter la tension pour la transporter sur les pylônes électriques, et finalement l'eau va rejoindre le lit de la rivière.
CHRISTINE	Que c'est gros!

(*Au public*) Il commençait à faire noir. Sandra et moi, on a sauté dans le *pick-up* et deux heures et demie plus tard, j'étais de retour à mon gite. J'étais morte de fatigue, je me suis couchée un peu plus rassurée. J'avais pas vu le réservoir #2, supposément plein de bois, mais Jean-Pierre m'était apparu comme quelqu'un qui a à cœur ses travailleurs. J'ai pensé que mettre fin aux grands barrages au Québec, c'était aussi dire à tous ces humains passionnés comme Jean-Pierre que c'est fini. En même temps, il m'a dit qu'il travaillait sur les chantiers depuis 1982... Il doit être pas loin de sa retraite.

Je m'étais dit ça.

Lendemain matin, pluie, voiture, bingo en innu à la radio, sonnerie de téléphone.

CHRISTINE	Allo, mon amour, bon matin.
AMOUREUX	Allo.
CHRISTINE	Ça va ?
AMOUREUX	Oui, toi ?
CHRISTINE	Oui. J'ai déjeuné au gite pis là je m'en vais à la maison de la culture innue pour rencontrer Rita.
AMOUREUX	OK. Pis ta visite, hier ?
CHRISTINE	Ben, c'était l'*fun*.
AMOUREUX	C'était l'*fun* ?
CHRISTINE	Oui, j'ai eu une belle journée, il faisait beau.
AMOUREUX	Faque toi, tu as eu du *fun* à visiter une des plus grandes aberrations qui se passent au Québec en ce moment ? T'étais pas triste ou, je l'sais-tu, moi, *découragée*, au moins ? T'as tripé à visiter une rivière qu'on décâlisse pour e'rien ?
CHRISTINE	J'ai pas tripé, là, on se calme.
AMOUREUX	C'est certain que c'est impressionnant,

un gros barrage. C'est immense pis c'est ben fait. C'est impressionnant, l'ingénierie humaine, chus d'accord, c'est de très beaux métiers, de très belles expertises, mais c'est pas ça, la question. C'est pas parce qu'on est bon dans quelque chose qu'il faut le faire!

CHRISTINE
C'est pas ce que je dis. Je dis juste que j'ai eu une journée agréable, les gens qui m'ont fait visiter étaient super *smatts*—

AMOUREUX
Tu t'indignes même pas! Tu visites ça comme un musée, ben relaxe, comme si y avait pas d'impacts, comme si la nature était moins importante que notre « expertise en hydroélectricité »!

C'est complètement absurde de construire des barrages sur une rivière si on en a pas absolument besoin. Et on en a pas absolument besoin!

Alors explique-moi comment une expertise d'une partie d'une société humaine, à une époque donnée, pourrait être plus importante qu'un écosystème immensément précieux et complexe, élaboré depuis des millions d'années?

Comment la survie de notre expertise en hydroélectricité peut être plus importante qu'une rivière vierge? Explique-moi ça!

Silence.

MATHIEU DOYON   Christine sort de sa voiture tranquillement. Elle est exténuée. Elle sonne à la porte de la maison de la culture innue.

Rita Mestokosho ouvre la porte, elle regarde Christine.
Un temps. Puis elle quitte, à la recherche de quelque chose.
Christine est là, en plein milieu de la salle, elle ne sait pas
où se mettre.

RITA MESTOKOSHO Écrivaine et poétesse, conseillère à la culture et à l'éducation au Conseil de la nation innue	*(Au loin)* Tu veux t'assoir sur la table ?
CHRISTINE	Euh, non, ben, je sais pas, n'importe où.
RITA MESTOKOSHO	*(Au loin)* M'dérange pas, là…
CHRISTINE	Préférez-vous qu'on se parle plus tard ?
RITA MESTOKOSHO	*(Au loin)* Plus tard, j'aurai pas le temps, y a une assemblée générale à organiser, une réunion des ainés, et j'suis en réunion avec le conseil de bande à une heure ! Explique-moi un peu c'est quoi, ton voyage.
CHRISTINE	Je fais un projet de théâtre documentaire qui aborde la relation entre les Québécois et Hydro-Québec…

RITA MESTOKOSHO	Est-ce qu'il y a une relation ?
CHRISTINE	*(Pour elle-même)* Pfffff, ouin…
RITA MESTOKOSHO	*(Au loin)* T'as-tu du feu ?
CHRISTINE	Non…
RITA MESTOKOSHO	T'en as pas dans tes affaires ?
CHRISTINE	Non, désolée.
MATHIEU DOYON	Rita allume une herbe avec un rond du poêle.
CHRISTINE	C'est quoi, cette affaire-là ?
RITA MESTOKOSHO	C'est de la sauge. Ça sert à purifier les lieux. Quand je reçois du monde ici et que c'est des nouvelles énergies, j'ai besoin.
CHRISTINE	OK, mais fais-toi z'en pas avec moi.
RITA MESTOKOSHO	C'est pas toi.
MATHIEU DOYON	Rita disperse de la fumée sous ses propres jambes, devant son visage, son cœur. Elle chuchote une prière en innu. Christine la regarde.
RITA MESTOKOSHO	Est-ce que tu as tes règles ?
CHRISTINE	Euh, non.
MATHIEU DOYON	Rita refait le même rituel autour du corps de Christine.

Temps. La fumée se dissipe doucement.

RITA MESTOKOSHO	Bon, ma parole. La Romaine, c'est arrivé comme un coup de vent et ç'a laissé une cicatrice. Une cicatrice dans le cœur des gens. Une cicatrice très apparente sur le territoire. Une cicatrice qui fait encore mal. Et nous, les Innus, on participe à cette cicatrice.

Quand tu as des convictions, c'est ça qui te garde vivant. Tu peux pas changer ça, tu peux pas. Mais là, t'as du monde devant toi qui te dit «Ça marche pas, tes convictions».

T'aurais eu beau pleurer, t'aurais eu beau dire ce que tu veux, personne t'aurait écouté. Parce qu'ils avaient déjà pris leur décision. Le projet allait se faire coute que coute.

La société d'État, je la vois comme une grosse machine qui ne construit pas de rêves.

Quand tu parles avec quelqu'un, là, qui est en face de toi pis qui croit pas que les plantes, les animaux, les pierres ont un esprit…

Moi, je crois que les pierres ont un esprit. Je crois que les arbres ont un esprit. Je crois à ça. Mais eux, ils y croient pas.

Et aujourd'hui, c'est beaucoup plus facile de vendre leur salade que la mienne.
Moi, me faire dire «Un arbre, c'est juste un arbre», non merci.
Je crois encore à ce que mes grands-parents m'ont enseigné.

CHRISTINE	Les croyances sont complètement différentes.
RITA MESTOKOSHO	D'un bord, c'est l'argent; de l'autre bord, c'est la protection du territoire. L'argent mène même leur sommeil, ils ne rêvent qu'à ça.
CHRISTINE	C'est vrai qu'aujourd'hui, on a tendance à croire davantage au pouvoir de l'argent qu'au pouvoir de la nature.

Temps. Rita regarde Christine.

RITA MESTOKOSHO	Tu es fatiguée. Quand je t'ai vue entrer, j'ai vu une petite fille avec une certaine naïveté, mais avec un gros fardeau. T'as pris énormément de choses sur tes épaules. Tu dois avoir la volonté de dire «Assez, c'est assez!».
CHRISTINE	Ouais, j'imagine.
RITA MESTOKOSHO	T'as énormément de difficulté à dire non.
CHRISTINE	Ouais. J'imagine, ouais.
RITA MESTOKOSHO	*(Tapant avec ses pieds au sol)* Faut que t'apprennes à t'enraciner. C'est ta mère, la Terre en dessous, là, elle te porte tous les jours, c'est incroyable! Tu dois la remercier. «Merci d'être encore là pour moi, merci, la Terre.» Toi, tu fais pas ça.
CHRISTINE	Non, je fais pas ça.
RITA MESTOKOSHO	Après, tu respires, «Merci, l'air, merci, le ciel». Mais tu fais pas ça, toi, tu remercies pas.

CHRISTINE	Non, j'avoue, je fais jamais ça.
RITA MESTOKOSHO	Tu te lèves le matin, tu prends un café… Tu remercies pas.
CHRISTINE	Exact.
RITA MESTOKOSHO	Mets-toi debout, ici. Regarde l'ile en face. Pose-toi bien comme il faut, pour pas que tu t'envoles.
MATHIEU DOYON	Rita se met derrière Christine, elle pose ses mains sur ses épaules, prend une grande respiration et chante un chant de guérison.

RITA MESTOKOSHO *(Chanté, fort, saisissant)*
Tan nemake
tshekuan tshe tutaman

Temps. La beauté du chant de Rita bouleverse Christine. Elle pleure à chaudes larmes.

RITA MESTOKOSHO	Maintenant, tu vas crier ton nom le plus fort et le plus longtemps que tu peux.
CHRISTINE	Euh, ben là, je suis gênée. Est-ce qu'il y a du monde dans la maison de la culture?
RITA MESTOKOSHO	Non. Vas-y.
CHRISTINE	*(Crie un peu)* Chriiiiissstiiiiine!
RITA MESTOKOSHO	Encore une fois, plus fort.
CHRISTINE	*(Un peu plus fort)* Chriiiiisssssstiiiiinnne!
RITA MESTOKOSHO	Une dernière fois, plus long, plus fort, vas-y.
CHRISTINE	*(Fort, profond, long)* CHRRRIIIIIIIIIIISSSSSTIIIIIIIIINNNE!

Musique de clôture d'épisode.
Christine marche vers sa voiture.

Noir.
Sauf les phares de la Nissan Leaf.

Épisode 5
SINGULARITÉ

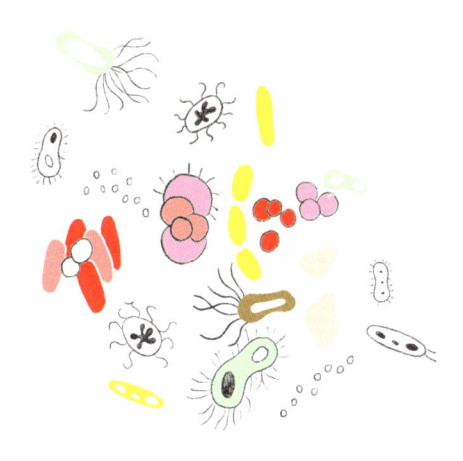

La chanson « Lignes d'Hydro » de Lisa LeBlanc sort des haut-parleurs de la voiture de Christine.

CHRISTINE *(Au public)* À mon retour à Montréal, j'étais dans un tout autre état qu'à mon départ. J'étais partie sur la Côte-Nord pour « revenir a' base », pis j'y étais revenue pas à peu près. Je dirais même que mon passage chez les Innus m'avait fait découvrir une nouvelle base, c'est-à-dire qu'ils m'ont fait réaliser que la mienne s'était, avec le temps, retrouvée ensevelie sous un tas de codes.

J'avais oublié que je pouvais crier. J'avais mis un code là-dessus, comme quoi « c'est pas bien de crier ». Mais ce cri m'avait fait tellement de bien que j'étais résolue à protéger ma nouvelle base de tous les codes qui pourraient la dénaturer à nouveau.

Un peu comme quand on revient de voyage et qu'on aimerait conserver intacte notre manière de regarder les choses. Cette façon qu'on a d'être ébloui par tout ce que l'on découvre, un regard dépouillé de toutes préoccupations.

Je suis restée dans ma voiture, dans mon *parking,* et j'ai écouté l'entièreté de mon entrevue avec le chef de la communauté d'Ekuanitshit, Jean-Charles Piétacho.

JEAN-CHARLES PIÉTACHO

Moi, je suis né ici, juste en avant, à côté de la rivière Mingan, dans une tente. Mon amour de la Terre, écoute! Je veux pas juger ceux qui naissent dans des hôpitaux, là, mais mon contact avec la Terre, ben, ça s'est fait là, à ma naissance, là là! Ma grand-mère m'a pris—

CHRISTINE

Là, je me suis mise à imaginer le microbiote de Jean-Charles Piétacho. Je sais pas si vous avez entendu parler de ça, le microbiote? C'est fascinant. C'est l'ensemble de nos microorganismes, c'est toutes les bactéries qui vivent en nous. C'est un organe invisible qu'on ne peut pas toucher ou sentir, mais qui joue un rôle crucial dans nos humeurs, dans notre santé. Un peu comme les électrons qui s'agitent partout, qu'on ne voit pas, mais qui jouent aussi un rôle crucial dans nos vies.

Notre microbiote se crée dès que l'on sort du vagin de notre mère. (Oui, il y a le mot «vagin» dans un spectacle sur Hydro-Québec.) Mais donc, je me suis dit que le microbiote de Jean-Charles Piétacho était certainement beaucoup plus riche que le mien! Imaginez, il s'est créé en contact avec l'air frais du dehors près de la rivière, la terre, le sable et les mains de sa grand-mère. Tandis que mon microbiote à moi, il s'est créé en contact avec l'air d'intérieur d'hôpital, les draps blancs pleins de Fleecy pis les gants de *rubber* du médecin. Ouach... Pauvre microbiote!

Je m'étais dit ça.

Ensuite, j'ai fait des choses un peu plus pertinentes pour le projet. Je me suis d'abord installée à mon bureau, j'ai démêlé mes factures, et là, j'ai réalisé que mon voyage m'avait coûté plus cher de brandy que d'électricité: 40,53 $ d'électricité contre 65,35 $ de brandy! Je me suis demandé si je pouvais mettre le brandy dans mes frais de transport. Est-ce que les Conseils des arts allaient comprendre?

Sonnerie de téléphone.

CHRISTINE	Allo ?
TI-JEAN PROULX	Allo, Christine, c'est Ti-Jean à Baie-Trinité.
CHRISTINE	*(Étonnée)* Ti-Jean ? Salut !
TI-JEAN PROULX	Je voulais juste te dire qu'on a finalement perdu le contrat de drave à la Romaine. Ils l'ont sorti à la moitié du prix de l'estimé. M'as te dire que je *feel* pas ben à matin.
CHRISTINE	À la moitié du prix de l'estimé ?
TI-JEAN PROULX	Je vois pas comment la *job* peut se faire à ce prix-là, ça se peut pas. Ça va être tout croche partout. Ça se peut pas. Quand on soumissionne, il faut suivre plein de règles de sécurité, ils demandent des bateaux adaptés pour faire de la drave, une chargeuse forestière avec de l'huile à patates frites—
CHRISTINE	Ce que tu me dis, c'est que, normalement, Hydro-Québec aurait dû regarder cette soumission-là pis s'apercevoir que l'entrepreneur a pas un équipement conforme ?
TI-JEAN PROULX	Exactement. C'est très frustrant, parce que, moi, je me plie aux exigences, je fais mes devoirs comme il faut, je m'efforce de suivre les recommandations, pis ça marche pas.
CHRISTINE	C'est ben choquant !
TI-JEAN PROULX	Bienvenue dans le monde des petits contracteurs ! On est tous en mode survie cette année. On crève de faim sur la Côte-Nord.
CHRISTINE	Je suis désolée, Ti-Jean.

Bruit de téléphone qu'on raccroche.

CHRISTINE — *(Au public)* J'ai pensé à lui, à sa femme, à son fils, à son équipement qui sert à rien et j'ai ressenti une partie de sa colère. Tout ce que je pouvais espérer, c'est que le brandy puisse lui réchauffer le cœur un peu. J'avais l'impression d'avoir abandonné la Côte-Nord.

MATHIEU DOYON — Christine s'assoit à son bureau. Elle écrit sur des Post-it.

- CONTRATS AUX PLUS BAS SOUMISSIONNAIRES.
- CONFLIT COMMUNAUTÉ INNUE / MULTINATIONALE
- MAUVAISE VALORISATION DU BOIS.
- 4 ACCIDENTS MORTELS
- RÉSERVOIR #2 → MAL NETTOYÉ?
- REDEVANCES AUX PETITES MUNICIPALITÉS
- 100 EMPLOIS STABLES

CHRISTINE Le bilan de ma visite au chantier de la Romaine n'était pas particulièrement réjouissant. Je revenais avec beaucoup de questions.

MATHIEU DOYON Le 26 octobre 2016.
CHRISTINE Mon alerte Google m'a annoncé, par le biais d'un article du *Journal de Montréal,* qu'«Hydro-Québec souhaite lancer un nouveau mégaprojet hydroélectrique après la Romaine». J'étais toujours pas capable de justifier le chantier hydroélectrique actuel, et déjà on annonçait un autre grand chantier en 2020.
MATHIEU DOYON Christine réfléchit, écrit.

> DEUIL CHANTIERS HYDRO?

CHRISTINE Est-ce qu'il ne serait pas plutôt temps de faire le deuil des chantiers hydroélectriques, au Québec?

Temps.

CHRISTINE La raison citée dans l'article pour lancer un nouveau barrage est, comme Pierre-Luc Desgagné nous l'a dit à l'épisode 3, «ne pas perdre notre expertise».

Est-ce que c'est valable d'investir sept milliards de dollars dans un nouveau mégaprojet pour ne pas perdre notre expertise en hydroélectricité ? A-t-elle une si grande valeur ? Est-ce que c'est une expertise d'avenir ?

CONSEILLER EN ÉNERGIE ANONYME
L'expertise de la grande Hydro, c'est comme dire «Moi, je suis spécialiste en Ford T!».

CHRISTINE
En Ford T ?

CONSEILLER EN ÉNERGIE ANONYME
C'est un char vieux d'il y a 100 ans. Y a pus personne qui veut en faire.

CHRISTINE
(Au public) Cet homme a vu une étape de travail de *J'aime Hydro* et il m'a écrit. Il travaille pour une compagnie privée d'énergie renouvelable au Québec. Il a demandé l'anonymat.

(À l'homme) Pourquoi Hydro-Québec voudrait protéger une expertise dans quelque chose que pus personne veut faire ?

CONSEILLER EN ÉNERGIE ANONYME

Parce qu'Hydro-Québec est prise dans son propre mythe. Ils sont dans le déni, tout simplement.

Y a aucun progrès technologique possible avec les centrales hydroélectriques et elles sont de plus en plus chères à construire. Tandis que les autres technologies font énormément de progrès et sont de moins en moins chères. Le solaire est rendu moins cher que tout, moins cher que le gaz !

> SOLAIRE MOINS CHER QUE GAZ

Aux États-Unis, il y a une subvention pour les énergies vertes, et la grande Hydro ne se qualifie pas. Une bonne partie des États américains ne la considèrent pas comme verte ; elle émet des gaz à effet de serre avec ses réservoirs.

CHRISTINE

Est-ce que vous croyez en nos possibilités d'exportation aux États-Unis ?

CONSEILLER EN ÉNERGIE ANONYME

Ben… Hydro-Québec vient de perdre une grande soumission… Parce que l'avenir, aux États-Unis, c'est pas les grands

CHRISTINE

CONSEILLER EN ÉNERGIE ANONYME

ensembles, c'est les centrales électriques virtuelles.

Virtuelles ?

(Il dessine la centrale sur un Post-it) Ils sont en train de faire des réseaux en étoiles pour être le plus proche possible de leur source. Admettons un petit parc solaire ici, avec un autre petit parc éolien, plus Manon qui a des panneaux solaires sur son toit. Avec le concept de *smart grid*, on module dans un espace restreint.

Personne veut voir une mégaligne de 3 000 km dans son décor. Il y a beaucoup de résistance, aux États-Unis.

En plus, si Elon Musk, avec sa compagnie Tesla, réussit avec l'autonomisation…

C'est-à-dire, son toit solaire que tu combines avec une batterie individuelle, plus une voiture électrique que tu peux brancher sur ta maison... Eh ben, tu es autonome ! Tu n'as plus besoin de rien ! L'autonomisation va bientôt changer le paradigme en Amérique du Nord.

Donc, selon moi, y a aucune bonne raison de lancer un nouveau grand barrage. Aucune bonne raison environnementale. Aucune bonne raison économique. Qu'est-ce qui reste ?

CHRISTINE

Euh...

L'amour ?

CONSEILLER EN ÉNERGIE ANONYME

(Rire) Ça, c'est pas mon expertise.

Temps.

CHRISTINE

(Au public) Bon. La rentabilité, maintenant. Est-ce que c'est rentable ou pas, de construire des barrages hydroélectriques,

aujourd'hui ?
La Romaine est rentable ou pas rentable ?
La grande question !
Pour y répondre, il faut trouver combien coute un kilowattheure d'électricité produit à la Romaine. Avec ce prix unitaire, on peut comparer avec le marché et les autres filières qui compétitionnent avec nous.

En faisant mes recherches, j'ai découvert qu'on ne s'entend pas tout à fait sur le prix unitaire de la Romaine. Je vous explique.

Christine prend une craie et écrit sur un tableau.

CHRISTINE En 2016, le marché de l'électricité nord-américain était en moyenne à 4,8¢/kWh. Quand Hydro-Québec a lancé la Romaine, en 2009, elle l'a annoncé à 9,2¢/kWh. Plus tard, elle a fait des modifications dans ses calculs pour arriver à un prix unitaire plus bas : 6,4¢/kWh.

Certaines de ces modifications sont jugées injustifiées par un grand spécialiste des questions énergétiques, une référence dans le milieu de l'énergie à travers le Canada, monsieur Jean-Thomas Bernard.

Christine donne sa craie au professeur Jean-Thomas Bernard, qui prend le relais au tableau.

JEAN-THOMAS BERNARD
Titulaire de la chaire en économique de l'énergie électrique, U. Laval, et chercheur invité, U. d'Ottawa

Hydro-Québec est en train d'investir 6,644 G $ à la Romaine, plus 996 M $ pour le raccordement à la ligne de transport. Total : 7,64 G $, pour produire 1 550 MW de puissance et 8,5 TWh d'énergie. À l'époque du film *Chercher le courant*, avec ces chiffres-là, j'arrivais à 10 ¢/kWh.

Et 2, 3 ans après le film, Hydro-Québec a présenté de nouveaux chiffres révisés qui arrivent à 6,4 ¢/kWh. Bon, là, j'ai regardé ça, il y a des ajustements que je dirais réels, acceptables, comme la baisse du taux d'intérêt sur les emprunts à long terme, mais y a d'autres ajustements que je refuse, comme allonger la vie utile du barrage de 50 à 100 ans.

Avant la Romaine, on a toujours fait le calcul sur une vie utile de 50 ans. Là, tout à coup, on calcule sur 100 ans. Mais pourquoi ils changent ça ? Est-ce que la technologie a changé ? Non, rien n'a changé.

CHRISTINE Non, mais c'est vrai que les barrages de la Romaine seront fort probablement encore bons dans 100 ans, non ?

JEAN-THOMAS BERNARD En effet, mais, à ce moment-là, il faudrait ajouter les couts d'entretien qui seront nécessaires après 50 ans. Ces couts ne sont pas compris dans les calculs d'Hydro-Québec, alors, moi, non, je préfère rester à 50 ans.

CHRISTINE — Hum hum. C'est vrai qu'en ce moment on fait des réfections sur nos vieux barrages à la Baie-James et en Mauricie qui nous coutent des millions.

JEAN-THOMAS BERNARD — Une autre affaire sur laquelle je suis pas d'accord avec Hydro-Québec, c'est le taux de rendement sur le capital. Ils considèrent que le taux d'escompte repose uniquement sur le taux d'intérêt et ne prennent plus en considération le taux de rendement exigé par le gouvernement, qui est l'unique actionnaire. Pourquoi tout à coup on tiendrait pus compte du taux de rendement demandé par le gouvernement ? Ça, c'est une différence majeure, et moi, je dis non à ça.

CHRISTINE — *(Au public)* Bon, là, c'est compliqué cette histoire de taux d'escompte et de taux de rendement. Même après l'avoir écoutée, transcrite, écrite, imprimée, je la comprends pas très bien. Même Mathieu Gosselin, qui l'a apprise par cœur et vient de vous la dire, ne la comprend pas non plus.

Mathieu Gosselin acquiesce du regard en direction du public.

CHRISTINE — Je l'ai quand même gardée dans le texte, parce que je me dis qu'il y a certainement du monde assez intelligent pour comprendre ça ! Et parce que cette donnée fait une grande différence dans le nouveau prix unitaire suggéré par Hydro-Québec à 6,4 ¢/kWh.

JEAN-THOMAS BERNARD En résumé, y a des points que je partage avec eux, d'autres que non. On est restés avec un désaccord. Ils sont à 6,4 ¢/kWh, et moi, je suis à 8,6 ¢/kWh. Ça m'avait même valu un coup de fil de monsieur Vandal, à l'époque. *(Rire)*

Ils ont construit la Romaine pour exporter aux États-Unis, mais même si on prend leur calcul à 6,4 ¢/kWh, eh bien, en ce moment, y a pas d'Américains qui veulent acheter de l'électricité plus chère que ce que ça nous coute pour la produire à la Romaine. Le marché est autour de 4,8 ¢/kWh.

CHRISTINE *(Au public)* Donc, si je comprends bien, que ce soit avec le prix d'Hydro-Québec ou avec celui de monsieur Bernard, en 2016, la Romaine n'a pas été rentable. Elle le sera le jour où le prix du marché de l'électricité sera au-dessus de 6,4 ¢/kWh, selon Hydro-Québec, ou au-dessus de 8,6 ¢/kWh, selon Jean-Thomas Bernard.

C'était très agaçant parce que monsieur Bernard est quelqu'un qui m'inspire confiance, alors, j'étais coincée avec deux prix unitaires différents.

J'ai décidé d'aller chercher le prix au mégawatt. Si je prends le cout total du projet Romaine, soit 7,6 G$, et que je le divise par le nombre total de mégawatts de puissance, soit 1 550, ça donne 4,9 M$/MW.

Ensuite, j'ai fait des recherches et j'ai appris qu'aujourd'hui on développe du solaire à 2 M$/MW, directement sur le toit des maisons. Les mégawatts solaires n'ont pas exactement les mêmes qualités que les mégawatts hydroélectriques, mais je me suis demandé : si Hydro-Québec était une compagnie privée, prendrait-elle le risque de développer des mégawatts d'hydroélectricité à 4,9 M$/MW ?

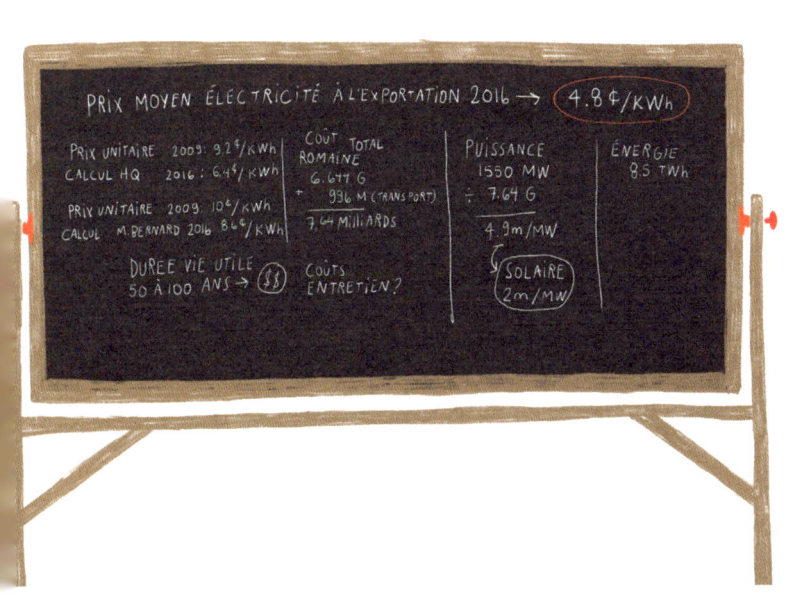

YOURI CHASSIN
Économiste à l'Institut économique de Montréal (IEDM)

(Souriant, enthousiaste) Moi, je privatiserais une partie, comme ça le gouvernement pourrait plus se mettre les deux mains là-dedans. Je sais, comme économiste, que les politiciens et les fonctionnaires ont leurs propres intérêts à cœur. C'est normal. Donc, le jour où ils sont appelés à gérer un monopole comme Hydro-Québec, évidemment, ils vont utiliser ce moyen-là pour servir leurs intérêts.

L'énergie d'avenir, pour moi, c'est la créativité humaine. Mais avec un monopole comme Hydro-Québec, on n'évolue pas!

CHRISTINE — La créativité humaine passe nécessairement par le privé, pour toi?

YOURI CHASSIN — Pas juste pour moi. Un monopole, c'est pas une bonne organisation d'un marché, jamais! Ça bloque le dynamisme.

CHRISTINE — Mais le libre marché crée des mégaentreprises qui mangent les petites. C'est pas très dynamique, me semble. Le gros Walmart a bouffé plein de petits entrepreneurs québécois!

YOURI CHASSIN — Je vais te choquer, parce que moi, je trouve que Walmart, c'est un système formidable. Offrir des prix aussi bas qui augmentent autant le pouvoir d'achat des plus pauvres!

CHRISTINE — Est-ce que tu es conscient de ce que tu

achètes ?

YOURI CHASSIN — Le cout représente fondamentalement les ressources qu'on a utilisées pour faire le produit.

CHRISTINE — Tu fais tant que ça confiance au prix ?

YOURI CHASSIN — Je suis ébahi par la puissance du prix. Au Dollarama, y a des chaises à un dollar. Le génie humain est infini !

CHRISTINE — Moi, je vois pas là du génie humain : je vois de la bêtise humaine, des mauvaises conditions de travail, du gaspillage, de la pollution, de la surconsommation. En même temps, on gaspille aussi en monopole, on gaspille nos kilowattheures… Le privé comme le public peuvent être mal gérés. Au final, la saine gestion d'une organisation dépend de la bonne foi des gens en position de pouvoir.

YOURI CHASSIN — As-tu un sentiment de pouvoir, toi, sur Hydro-Québec ? Non. Si t'es pas d'accord avec leur éthique, t'as même pas le choix d'aller ailleurs.
T'es prisonnière.
T'es obligée d'aimer Hydro-Québec.

MATHIEU DOYON   13 novembre 2016.

On entend des applaudissements et des cris : « Legault ! Legault ! Legault ! »

FRANÇOIS LEGAULT   *(Très enthousiaste)* Un gouvernement de la CAQ va lancer un grand chantier ! Va créer des milliers d'emplois payants ! Je parle de lancer une Baie-James du 21ᵉ siècle !

CHRISTINE   *(Au public)* Là, je me suis dit « Ben voyons donc, il fait donc ben pas les mêmes recherches que moi, lui ! ». Et surtout « C'est quoi ce courant-là, de vouloir revenir en arrière de même ? ».

MATHIEU GOSSELIN   *Make Québec great again*!

On entend un extrait original d'une entrevue faite par Christine.

RÉJEAN PORLIER
: Personnellement, j'ai toujours été convaincu que l'énergie la plus payante, c'est celle qu'on économise.

CHRISTINE
: Réjean Porlier est maire de Sept-Îles. Il a travaillé 30 ans au syndicat des technologues chez Hydro-Québec et a écrit un livre, *Pilleurs d'héritage*[8].

RÉJEAN PORLIER
: Je suis encore convaincu de ça. S'ils avaient dit «On met la priorité sur l'efficacité énergétique et on va développer une économie de ça», on aurait été des leaders à bien des égards. On avait tout pour être des leaders, on l'a encore! Mais ce qu'on n'a pas pris comme terrain, d'autres le prennent.

CHRISTINE Selon vous, on a manqué plusieurs opportunités ?

RÉJEAN PORLIER À tous les niveaux. L'éolien aussi. On aurait pu avoir des turbiniers au Québec, développer de l'éolien à la hauteur de nos capacités ! Mais on l'a pas fait.

CHRISTINE L'efficacité énergétique, l'éolien… Diriez-vous que la voiture électrique aussi est un rendez-vous manqué ?

RÉJEAN PORLIER C'est une série de rendez-vous manqués. C'est clair. Quand on a monté la première éolienne à Cap-Chat, il fallait investir, il fallait mettre de l'argent dans le développement. On était bien partis, mais on a lâché le morceau. On n'a pas investi. D'autres l'ont faite à notre place.

Temps.

CHRISTINE *(Au public)* Pourquoi Hydro-Québec a pas investi pour miser sur de nouvelles idées, quand c'était le temps de prendre le risque ? Aujourd'hui, c'est quoi les risques qu'Hydro-Québec prend pour l'avenir ?

MATHIEU DOYON — 14 décembre 2016. Éric Martel donne rendez-vous à Christine dans un restaurant italien. Ils se tutoient.

ÉRIC MARTEL
Président-directeur
général d'Hydro-Québec
— Je trouve ça génial, ton projet! Je suis content de participer à ça. Tsé, moi, ça fait 18 mois que je suis chez Hydro. Je suis arrivé dans une période extrêmement difficile, j'ai posé des gestes rapidement pour reconnecter avec le monde, je veux être plus transparent et plus accessible —

CHRISTINE — En tout cas, le fait que tu sois devant moi, en ce moment, est une preuve que —

ÉRIC MARTEL — L'ouverture est là, oui. Tsé, dans le temps, on aurait fait cette entrevue-là, y aurait eu un porte-parole à côté de moi, avec son enregistreuse. Moi, j'ai dit «Non non, je suis capable de faire ça tout seul, elle a l'air gentille, je vois pas pourquoi je me méfierais».

CHRISTINE — Tu fais ben! Mais j'ai ben des questions, même si je suis très gentille —

ÉRIC MARTEL	Vas-y! Je suis prêt!
CHRISTINE	Je vais sortir mon petit cahier. Alors, bon, j'y vas! Crois-tu que la Romaine sera un jour rentable?
ÉRIC MARTEL	La rentabilité de la Romaine, c'est une boule de cristal. En ce moment, le prix de l'électricité est très bas, à quatre-et-quelque cennes.
CHRISTINE	À 4,8 ¢.
ÉRIC MARTEL	Oui, Mais dans 50 ans, il va peut-être être à 25 ¢! Imagine!
CHRISTINE	Donc on développe la Romaine en faisant le pari que le prix de l'électricité va augmenter?
ÉRIC MARTEL	Ouais. On développe avec une vision sur 100 ans. Ça se peut qu'on ne fasse pas de profits avant 10, 15 ans, c'est ça qui est arrivé avec la centrale Robert-Bourassa à la Baie-James.
CHRISTINE	Tu trouves pas que c'est dangereux de comparer avec la Baie-James? Je veux dire, l'avenir sera certainement pas comme le passé. Et comment peux-tu être convaincu que le prix de l'électricité va augmenter?
ÉRIC MARTEL	Ç'a toujours été comme ça.
CHRISTINE	Ben non, dernièrement, le prix a baissé avec le gaz de schiste, et aujourd'hui le solaire est rendu moins cher que le gaz. Je pense pas, moi, qu'on peut se fier aux 100 dernières années pour planifier les 100 prochaines.

ÉRIC MARTEL	On a lancé la Romaine pour l'exportation. Bon, en 2015, on a exporté 32 TWh.
CHRISTINE	Oui. Sur ces 32 TWh, on a combien de contrats fermes ?
ÉRIC MARTEL	Pas beaucoup. On a 2 TWh qu'on vient juste de signer avec l'Ontario, pis un 800 MW au Vermont, donc pas loin de 3 MW.
CHRISTINE	Tu veux dire 3 TWh ?
ÉRIC MARTEL	Excuse-moi, t'as raison, 3 TWh, sur 32 TWh.
CHRISTINE	Pas grave, je te comprends, y a tellement de chiffres ! Je sais que le contrat avec le Vermont a été signé à 5,8 ¢/kWh, et que pour celui avec l'Ontario, on reçoit 100 M$ par année pour 2 TWh, alors ça fait à peu près 5 ¢/kWh. Donc, nos contrats fermes sont tous signés en dessous du cout de la Romaine.
ÉRIC MARTEL	*(Impressionné, il aime ça)* Ouais ! Mais la preuve que c'est rentable, l'exportation : c'est 15 % de ce qu'on produit—
CHRISTINE	Pour 27 % de nos profits.
ÉRIC MARTEL	Pas 30 % ? En tout cas, t'es bonne, t'es bonne ! En ce moment, on exporte à pleine capacité et on a de l'eau qui s'ajoute dans nos réservoirs, il faut construire de nouvelles lignes de transport.
CHRISTINE	Je sais que, dernièrement, on a perdu une soumission aux États-Unis au profit des réseaux virtuels, plus locaux, en étoiles, les

	smart grids. Tu penses pas que désormais, c'est toujours ça qui va l'emporter ?
ÉRIC MARTEL	Non. Parce que si tu veux être vert au complet, ça te prend absolument une source pour faire du *firming*, qu'on appelle. Si tu te lèves le matin et qu'y a pas de soleil ni de vent, tu fais quoi ? T'as besoin de quelque chose de stable. Et là, c'est soit le gaz soit la grande Hydro.
CHRISTINE	Donc, notre grande Hydro, c'est le *firming* le plus vert sur le marché, c'est ça ?
ÉRIC MARTEL	Oui ! C'est 35 fois moins polluant que le gaz !
CHRISTINE	Wow ! En effet. Mais avec Trump qui est protectionniste, et le nouveau chef de l'Environmental Protection Agency, Scott Pruitt, qui est un climatosceptique, tu penses pas qu'entre leur gaz moins cher avec des emplois locaux et notre grande hydro en importation mais renouvelable, ils vont choisir leur gaz ?
ÉRIC MARTEL	La ligne de transport à construire, ça crée 2 000 *jobs,* et pour Trump, c'est ben important, les *jobs* !
CHRISTINE	OK, donc, tu es confiant qu'il y a un marché important pour notre grande Hydro aux États-Unis ?
ÉRIC MARTEL	Absolument. Convaincu.

Petit temps

CHRISTINE J'ai regardé les *portfolios standards*[9] *(elle sort les papiers)* et notre grande hydro ne se qualifie pas comme *green* ni comme *clean* dans plusieurs États !

ÉRIC MARTEL *(Épaté)* Tu vas pouvoir travailler chez Hydro, après ça ! *(Christine rit nerveusement)* Ils la reconnaissent comme renouvelable. Mais tu as raison, ils donnent pas une prime pour.

CHRISTINE Mais toi, t'es à l'aise de qualifier notre grande hydro d'énergie propre, verte et renouvelable ?

ÉRIC MARTEL Absolument. En termes d'émissions de gaz à effet de serre, c'est assez mineur.

CHRISTINE Oui, mais y a pas juste les GES qui affectent l'environnement, tsé. Pour faire la Romaine, on coupe beaucoup d'arbres, on transforme la rivière en quatre lacs, on crée d'immenses réservoirs. T'as pas l'impression, comme moi, que notre amour pour la grande Hydro nous aveugle sur ses impacts environnementaux ?

ÉRIC MARTEL Faut pas être naïfs, y a des impacts. OK, là, on commence à jaser. Présentement, on a beaucoup d'énergie, on a des surplus, la croissance a pas été au rendez-vous. On exporte trois fois plus, mais on fait pas trois fois plus d'argent, parce que le prix de l'électricité a baissé à cause du gaz de schiste. Ce que j'ai dit dans le plan stratégique… Je sais pas si tu l'as lu ?

CHRISTINE	Oui.
ÉRIC MARTEL	Tu l'as regardé ?
CHRISTINE	Oui, je l'ai ici.

Elle sort le plan stratégique[10].

ÉRIC MARTEL	Ah, *good* ! *(Rire)* T'as fait tes devoirs, t'as fait tes devoirs ! Ce que j'ai dit dans le plan stratégique, c'est que, en 2020, je veux pouvoir dire « Si on fait un autre grand projet hydroélectrique, ce serait où ? ».
CHRISTINE	Me semble qu'il n'y a pas de « si », dans le plan. Ça dit *(elle lui montre)* « Nous comptons déterminer, à l'horizon 2020, quel sera notre prochain grand projet hydroélectrique après celui de la Romaine ».
ÉRIC MARTEL	En 2020, je veux savoir quel projet on ferait *si jamais* on en faisait un !
CHRISTINE	Mais dans le plan, c'est pas au conditionnel, c'est au futur ! Admettons que je suis un constructeur de barrages, je prends ça comme une promesse, non ?
ÉRIC MARTEL	Je vais te dire, le jour où je vais prendre la décision en 2020, je vais prendre la meilleure décision pour les Québécois. Si c'est un barrage, ce sera un barrage, si c'est l'éolien ou du solaire, ce sera ça.

Temps.

CHRISTINE — Je m'attendais pas à ce que tu me dises ça. Parce que, attends un peu, si t'arrives en 2020 et que finalement tu dis «On va faire du solaire à la place de l'hydro», tu vas avoir du monde pas content, tu vas avoir une grosse pression!

ÉRIC MARTEL — Ouais. Il va y avoir une pression énorme. Mais moi, je suis capable de prendre cette pression-là. À un moment donné, dans la vie, faut avoir des principes et faut se tenir debout! Cette pression-là peut aussi être politique.

CHRISTINE — C'est sûr que si François Legault entre au pouvoir, tu risques d'avoir une petite pression.

ÉRIC MARTEL — Il faut pas qu'on tombe en amour avec nos affaires. On ne peut pas construire si on n'en a pas besoin, ce serait une catastrophe!

CHRISTINE — La Romaine, c'est pas déjà ça?

ÉRIC MARTEL — La Romaine, on l'a fait pour sa puissance et pour l'exportation, mais c'est vrai qu'il y aurait eu d'autres options. La vraie préoccupation que j'ai, c'est de ne pas perdre la connaissance pour faire de l'hydro.

CHRISTINE — L'expertise! Pourquoi tu veux autant la protéger, cette expertise-là?

ÉRIC MARTEL — Si jamais en 2040 on veut faire un barrage, il faudrait pas qu'on ait perdu l'expertise.

Christine est particulièrement étonnée par cet argument.

CHRISTINE	Tu penses pas qu'en 2040, l'hydro va être complètement dépassée par une meilleure technologie ? En plus, la technologie de la turbine, on ne la détient pas…
ÉRIC MARTEL	Non, nous, on fait du génie civil de haut niveau : creuser un tunnel d'amenée, faire l'excavation…
CHRISTINE	Oui, absolument. Mais ces experts-là, est-ce qu'ils peuvent faire autre chose que des barrages ? Je sais pas, des routes ? Des ponts ?
ÉRIC MARTEL	En grande partie, oui.
CHRISTINE	Honnêtement, je ne comprends pas cette raison-là : de continuer de construire afin de ne pas perdre notre expertise. Sinon, je suis allée visiter le chantier de la Romaine… Bon. D'abord, la gestion du bois est assez désastreuse, y a des giga-tonnes de bois qui ont perdu beaucoup de valeur en trainant sur le bord du chemin.
ÉRIC MARTEL	Il y a eu un litige, on l'a réglé. Mais oui, ç'a pris un certain temps.
CHRISTINE	Il semblerait qu'à Romaine-2, on aurait rempli le réservoir avant que le travail de déboisement soit finalisé. Ma question : y a pas un danger, avec les bonis que vous donnez aux chefs de chantier, de précipiter des étapes essentielles afin de respecter l'échéancier et le budget ?
ÉRIC MARTEL	C'est une bonne question. Théoriquement, oui, ça pourrait arriver. Mais on va donner

	le bonus seulement si le travail a été exécuté comme il faut.
CHRISTINE	Est-ce qu'il y aurait là un lien malheureux à faire avec les quatre personnes décédées sur le chantier?
ÉRIC MARTEL	Faut faire attention. Dernièrement, on a eu un accident, malheureusement, un effondrement, c'est une histoire horrible. Mais y a absolument rien qui me laisse croire que c'est quelque chose qu'on essayait de *rusher*. Même les géologues ne comprennent pas cet effondrement-là. La santé et la sécurité, ce sont des priorités pour nous. Je le dis à mon monde chaque semaine.
CHRISTINE	À la Romaine, on m'a dit des choses et j'ai vu des choses beaucoup plus préoccupantes que je pensais, et qui font que j'ai des doutes sérieux à savoir s'il y a un réel souci de l'environnement sur ce chantier. Si l'octroi des contrats est bien fait ou s'ils sont toujours accordés au plus bas soumissionnaire. Et si la sécurité des travailleurs n'est pas parfois sacrifiée au profit de l'échéancier et du budget.
ÉRIC MARTEL	J'entends. Tsé, Hydro-Québec, ça se vire pas sur un dix cennes, mais je pense qu'on est capables d'avoir beaucoup plus d'envergure que ça. Imaginons que les cinq millions de véhicules au Québec soient électriques. Ce serait formidable! On a

	l'énergie nécessaire. On a un très grand potentiel.
CHRISTINE	Tellement !
ÉRIC MARTEL	C'est vraiment intéressant comme discussion. C'est un sujet complexe. C'est quoi, la suite, pour toi ?
CHRISTINE	Euh, qu'est-ce que tu veux dire ?
ÉRIC MARTEL	T'as étudié en quoi ?
CHRISTINE	En théâtre.
ÉRIC MARTEL	Ah, oui ? Et t'aimes toujours ça ?

Temps. Christine se retrouve seule.

CHRISTINE	*(Au public)* J'aime-tu toujours ça ? Parce que c'est vrai que d'être capable de faire cette entrevue comme je viens de le faire, c'est ben beau, mais à quoi ça sert ? À quoi ça sert que je comprenne tant que ça les enjeux énergétiques et que j'aie des tonnes d'idées pour notre avenir en matière énergétique ?
	Je ne suis pas Éric Martel, je n'ai aucun pouvoir décisionnel et je ne deviendrai pas PDG d'Hydro, certain ! Une actrice, ça joue, ça ne décide pas grand-chose. Qu'est-ce qu'Éric Martel va décider, en 2020 ?
	Il ne m'a pas semblé pris dans un mythe ou dans le déni, mais sa manière d'envisager l'avenir en fonction du passé

m'apparait dangereuse. Et justifier la Romaine par la croyance que les prix de l'électricité vont nécessairement augmenter... Est-ce qu'on peut se fier à cette croyance ?

Personnellement, j'ai des doutes. Partout dans le monde, on investit beaucoup d'argent dans toutes sortes de nouvelles technologies : le solaire, la nanotechnologie, la fusion nucléaire et d'autres... Et ces nouvelles filières, si elles veulent s'implanter, devront absolument être moins chères que celles qui sont déjà en place. Donc, elles vont nécessairement nous faire compétition.

L'avenir en matière énergétique est très incertain. C'est un scénario possible que le prix de l'électricité reste bas et puisse même baisser encore davantage.

Chose certaine, le kilowattheure le moins cher sur le marché, c'est clairement celui que l'on récupère.

Christine reprend sa craie et retourne à son tableau.

Je suis allée rencontrer Philippe Dunsky. Sa compagnie conseille les gouvernements et les entreprises à travers l'Amérique du Nord en matière d'efficacité énergétique.

Je lui ai demandé combien de térawattheures on pourrait aller chercher en économie d'énergie, au Québec. Il m'a dit quelque part entre 20 et 40 TWh. Nous pouvons donc récupérer jusqu'à quatre fois ce que la Romaine va nous offrir en une année. Et l'efficacité énergétique coute en moyenne entre 3¢ et 4¢/kWh. C'est moins cher que tout le reste.

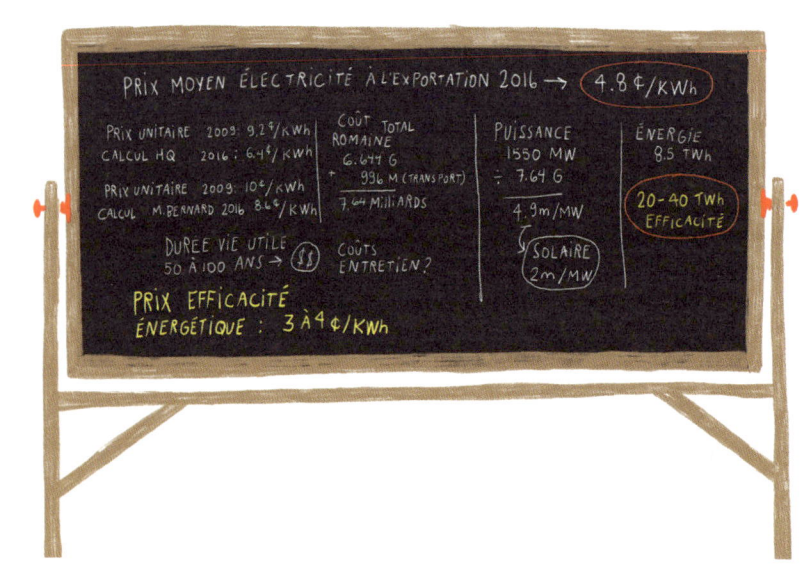

MATHIEU DOYON

6 février 2017, rencontre avec Pierre Arcand.

On entend un extrait de l'entrevue entre Christine et Pierre Arcand.

PIERRE ARCAND
Ministre de l'Énergie et des Ressources naturelles, ministre responsable du Plan Nord et ministre responsable de la région de la Côte-Nord

Pour la première fois de l'histoire du Québec, on a une politique énergétique qui n'implique pas de nouveau barrage pour les 15 prochaines années. Ça n'exclut pas qu'un jour il puisse y en avoir un autre, mais pour l'instant, ce n'est pas sur le radar.
C'est pour ça que la mission d'Hydro-Québec est appelée à évoluer. Ça ne peut pas être seulement une entreprise qui fait des barrages et qui dessert les Québécois.

CHRISTINE

Est-ce qu'on pourrait imaginer Hydro-Québec faire autre chose que de l'hydro ?

ÉPISODE 5 239

PIERRE ARCAND   C'est à eux de nous le dire. Le gouvernement est là pour les guider. On ne fait pas la microgestion d'Hydro-Québec.

CHRISTINE   Et, au sujet des minicentrales, je comprends la pression que vous avez de répondre à une municipalité dans le besoin, mais en même temps, cette électricité-là, le Québec n'en a pas besoin.

PIERRE ARCAND   Ben, on n'a pas lancé de minicentrales depuis que je suis là. Les minicentrales qui sont en activité en ce moment sont le résultat de promesses qui ont été faites avant moi.

La nouvelle politique énergétique, c'est quand même une révolution, dans la mesure où on n'a pas fait d'annonces de projets. Il y a une vision, une direction, des orientations qui sont données. Ça prenait un peu de courage. C'était pas évident. Les gens aiment beaucoup mieux les annonces.

CHRISTINE   Selon vous, cette nouvelle politique énergétique représente un tournant ?

PIERRE ARCAND   C'est vraiment un tournant très important. C'est une pièce maitresse, comme on n'en a pas eu depuis fort longtemps.

CHRISTINE   *(Au public)* Passer de l'idée à l'action, en politique, semble assez long et compliqué.

Je doute que j'aurais la patience, le courage.

Depuis *J'aime Hydro*, on m'a proposé des entrées en politique, une circonscription même. Me projeter politicienne me fait terriblement peur. On dirait un terrain glissant vers un tas de codes qui viendraient certainement embrouiller ma base. J'aurais peur de me résigner, de me perdre dans la paperasse et les discours.

Ici, au théâtre, on a eu l'idée de mettre un char sur la scène, pis on l'a mis! Et là, j'ai un micro: je vais le prendre et je vais finir mon spectacle.

Épilogue

Christine est seule au micro.

CHRISTINE

Je suis maintenant convaincue que le passé n'est *pas* garant de l'avenir en matière énergétique. Convaincue.

Si on suit cette nouvelle politique énergétique, normalement, on ne lancera pas de nouveau grand barrage d'ici 2030.

D'ici là, je pense que c'est notre devoir et notre responsabilité de récupérer les 20 à 40 TWh disponibles, à la moitié du prix d'un nouveau barrage.

Et, lorsque nous aurons récupéré tout ce que nous avons à récupérer et que nous aurons encore besoin d'énergie, nous serons peut-être en 2040 ou en 2050. Eh bien, rendus là, ma *prospective* est que notre grande Hydro nous apparaitra complètement désuète face aux nouvelles technologies qui seront déjà bien en place.

Je crois donc qu'il est grand temps de faire le deuil de nos chantiers hydroélectriques au Québec.

Je pense que nous aurions dû penser notre avenir énergétique selon une planification intégrée des ressources et que nous aurions dû privilégier l'efficacité énergétique davantage et bien avant — depuis que Jacques Parizeau a posé la question, depuis le débat public qui a mené au rapport *Pour un Québec efficace*[11], en 1996.

Je pense qu'on a harnaché la rivière Romaine parce que le Québec a été trop longtemps en amour avec son hydroélectricité, son expertise et l'argent qui vient avec.

Je suis bien consciente que je ne suis pas la première à le dire, ce soir, et je reconnais qu'il demandait plus de courage à ceux et à celles qui ont réclamé que nous fassions ce deuil bien avant moi. Je sais aussi qu'il faut plus de cran aux PDG et aux politiciens qu'à moi pour confirmer cette hypothèse. Je ne suis pas à la tête des grandes décisions en matière énergétique, je suis une comédienne qui joue des personnages (enfin, pas ce soir, je me joue moi-même), je suis une créatrice qui ne sait pas la trace que laissera son projet, qui ne sait pas où cette soudaine spécialisation en énergie la mènera.

Malgré tout, je veux aimer encore.

Mais, comme je suis allée chez la psy, je sais que le pire ennemi de l'amour, c'est de se prendre pour acquis. Et je pense que c'est là, le plus grand problème de la relation entre les Québécois et Hydro-Québec : on se prend pour acquis. Nous prenons nos kilowattheures pour acquis et Hydro-Québec aussi a tendance à prendre pour acquise sa clientèle.

Il faut être plus responsables l'un de l'autre. Sinon, on ne s'aime pas bien. Il faut absolument reconnaitre la valeur de nos kilowattheures! Vous savez que, vue du ciel, Montréal brille plus que New York, alors que sa population est quatre fois moindre?

Pour que nous arrivions à nous aimer comme du monde, il faudrait qu'Hydro-Québec et le gouvernement nous en donnent les moyens. On pourrait, tous ensemble, gérer nos pointes, puisque c'est nous qui les créons. Au Vermont et dans plein de pays, on indique au consommateur les périodes de pointes grâce au compteur intelligent. Une lumière rouge indique que la demande est en hausse et que ce n'est pas un bon moment pour faire son lavage. On pourrait aussi varier le tarif selon les pointes. Bref, nous pourrions tous être impliqués dans la bonne gestion de notre plus grande richesse.

Hydro-Québec doit accorder davantage d'importance aux revendications des Québécois quant à la protection des paysages du Québec. Au moins autant que les Américains et leurs White Mountains, pour lesquelles on considère l'enfouissement des lignes de transport, contrairement à ici.

Je pense qu'Hydro-Québec a énormément de potentiel, qu'elle peut être créative et dynamique, et j'espère la voir se diversifier, innover, au-delà de son hydro.

J'ai hâte de voir, Éric Martel, la décision que tu vas prendre en 2020.

Et finalement, je pense, comme Rita, que je ne remercie pas assez.
Merci, rivières.
Merci de griller mes *toasts* le matin.
Merci de chauffer mon eau dans ma douche.
Merci de tenir ma maison au chaud.
Merci de faire rouler ma voiture électrique.
Merci de m'éclairer en ce moment sur cette scène.

Je vous promets, rivières, que je serai davantage responsable de ce que vous me concédez au prix de votre courant.
Maintenant, je vois les électrons que vous agitez.
Maintenant, les dimensions ne sont plus garantes de leur valeur.

Musique de clôture d'épisode.

Parce que je suis Québécoise.
Parce que, même si je suis une amante blessée, je veux aimer encore.
Parce que, même si je suis déçue, je veux encore être fière.
Parce que nous sommes face à une nouvelle grande étape et que je nous souhaite d'avoir le courage et l'audace tranquilles de ne pas la manquer.
Parce que grâce à ce projet je constate que la meilleure arme contre la polarisation est certainement la connaissance.
Parce qu'il faut redéfinir ce que ça veut dire d'être riche.
C'est quoi, la vraie richesse ?

Noir.

FIN

Notes

1. Roger Lanoue et Normand Mousseau, *Maitriser notre avenir énergétique. Pour le bénéfice économique, environnemental et social de tous*, Commission sur les enjeux énergétiques du Québec (Gouvernement du Québec, 2014). physique.umontreal.ca/~mousseau/uploads/Main/rapport.pdf

2. Alexis de Gheldere et Nicolas Boisclair, *Chercher le courant* (Les Productions du Rapide-Blanc, 2012). ici.tou.tv/chercher-le-courant

3. René Lévesque, *Maitres chez nous* (Parti libéral du Québec, 1962). www.youtube.com/watch?v=jKmwGQ4-zKQ

4. Electroclub, *D'où vient l'électricité?* (Volta, carrefour de l'électrotechnique). www.electro-club.be/genie-electro/d-où-vient-lélectricité

5. François Doyon et Rhéal Châtelain, *Commission d'enquête sur la politique d'achat par Hydro-Québec d'électricité auprès de producteurs privés* (Gouvernement du Québec, 1997). www.bibliotheque.assnat.qc.ca/DepotNumerique_v2/AffichageNotice.aspx?idn=67740

6. Justin Hall-Tipping, «*Freeing Energy From the Grid*» (TEDGobal, juillet 2011). www.ted.com/talks/justin_hall_tipping_freeing_energy_from_the_grid

7. *L'énergie des Québécois, source de croissance. Politique énergétique 2030* (Gouvernement du Québec, 2016). politiqueenergetique.gouv.qc.ca/wp-content/uploads/politique-energetique-2030.pdf

8. Réjean Porlier, *Pilleurs d'héritage. Confessions douces et amères d'un Hydro-Québécois* (M éditeur, 2013).

9. Voir: www.ncsl.org/research/energy/renewable-portfolio-standards.aspx

10. *Plan stratégique 2016-2020. Voir grand avec notre énergie propre* (Hydro-Québec, 2016). www.hydroquebec.com/publications/fr/docs/plan-strategique/plan-strategique-2016-2020.pdf

11. Table de consultation sur l'énergie, *Pour un Québec efficace: rapport de la table de consultation du débat public sur l'énergie* (Gouvernement du Québec, 1996). www.bibliotheque.assnat.qc.ca/DepotNumerique_v2/AffichageNotice.aspx?idn=42907

Droit de réplique à Hydro-Québec

André Besner
Directeur, Environnement, Hydro-Québec

Nous remercions Christine Beaulieu de nous permettre de réagir aux propos de Jacques Gélineau et de communiquer des informations appuyées par des données scientifiques probantes.

Plus de cent employés d'Hydro-Québec ont la responsabilité de mener à bien des études d'impact sur l'environnement, études qui sont soumises aux autorités provinciales et fédérales. Au terme du processus d'évaluation environnementale et après l'obtention des autorisations, ces experts mettent sur pied des programmes de suivi qui s'appliquent dès le début des travaux et se poursuivent durant des décennies, une fois ceux-ci terminés. Nous parlons ici de scientifiques hautement qualifiés qui n'ont qu'une préoccupation — réduire au minimum les impacts environnementaux des projets d'Hydro-Québec — et qui ont à leur disposition tous les moyens nécessaires pour y arriver.

L'hydroélectricité québécoise, une énergie propre et renouvelable

Monsieur Gélineau déclare que l'hydroélectricité québécoise «n'est pas verte, n'est pas propre, qu'elle est juste renouvelable». Tous les modes de production d'électricité ont des impacts sur l'environnement. Cela dit, les analyses scientifiques sérieuses montrent que l'hydroélectricité du Québec est une énergie propre qui produit des émissions de gaz à effet de serre (GES) très faibles: 50 fois moins élevées que celles de l'énergie thermique tirée du gaz naturel, équivalentes à celles de l'éolien et 5 fois inférieures à celles du solaire photovoltaïque.

Les gaz à effet de serre

Monsieur Gélineau insiste sur le fait que la mise en eau de réservoirs produit du mercure, du carbone et du méthane. Toutes les filières de production d'électricité produisent des GES au cours de leur cycle de vie (construction, exploitation et déclassement). Rappelons que tous les milieux aquatiques émettent naturellement des GES et les réservoirs ne font pas exception, mais ils en émettent de faibles quantités. Les émissions de GES des réservoirs sont liées à la décomposition de la végétation nouvellement inondée, comme le couvre-sol, les feuilles et les mousses. Les troncs et les branches d'arbre n'influent pas de façon significative sur l'émission de GES, car ils ne se décomposent à peu près pas.

Nous documentons les émissions liées à l'hydroélectricité du Québec depuis 1993. Plus de 120 000 mesures ont été prises à différents endroits et à différents moments de l'année. Les études montrent que cinq à dix ans après l'ennoiement, les émissions des réservoirs deviennent similaires à celles des lacs naturels. Ces études permettent aussi d'affirmer que le méthane constitue moins de 1% des émissions de nos réservoirs. et que c'est peu problématique au Québec.

Le mercure

L'augmentation temporaire des teneurs en mercure de la chair des poissons des réservoirs est l'un des impacts de la production d'hydroélectricité. Comme pour les GES, cette augmentation est liée à la décomposition de la végétation nouvellement inondée. Ce phénomène est temporaire, connu et bien géré. Nous le suivons depuis plus de 40 ans et nous avons effectué plus de 50 000 mesures de la teneur en mercure de la chair de poissons. À notre connaissance, aucun cas d'intoxication au mercure lié à la consommation de poissons n'a été recensé au Québec.

La zostère marine
Monsieur Gélineau laisse entendre que les installations hydroélectriques de la Romaine et de la Baie-James affectent la zostère marine. La zostère marine est une plante aquatique vivace formant de vastes herbiers dans les estuaires et le long des côtes. Les herbiers de zostères abritent plusieurs espèces de crustacés et de mollusques, et procurent une aire d'alimentation prisée par les oiseaux ainsi que les poissons et plusieurs autres organismes aquatiques. Dans nos programmes de suivi environnemental, nous nous engageons à étudier l'évolution des herbiers de zostères, afin de vérifier que les modifications découlant de nos projets n'ont pas d'impact sur leur superficie ni sur leur répartition.

L'analyse d'images satellitaires, combinée aux données recueillies à partir de plus de 2 500 points d'observation sur le terrain, nous a permis de déterminer la superficie et la répartition des herbiers de zostères marines dans l'embouchure de la Romaine et dans deux sites témoins situés plus à l'est. Le suivi des herbiers de zostères dans la zone de l'embouchure de la rivière Romaine s'est poursuivi en 2015, à la suite de la mise en service de l'aménagement de Romaine-2. Dans l'ensemble, les résultats montrent que la majeure partie de l'herbier de l'embouchure de la rivière est demeurée stable, mais que son pourtour s'est légèrement resserré. Les prochains suivis des herbiers de zostères se dérouleront d'ici la fin de 2017, puis en 2019, en 2021, en 2024 et en 2029.

Pour ce qui est de la Baie-James, Monsieur Gélineau laisse

entendre que la diminution de la zostère marine pourrait avoir un lien avec les ouvrages hydroélectriques de la Grande Rivière. Nous avons réalisé de nombreuses études sur la zostère marine de la côte nord-est de la baie James au cours des 30 dernières années. Entre 1986 et 1996, la répartition générale des herbiers a peu changé. Les principales concentrations étaient toujours aux mêmes endroits. Cette stabilité relative suggérait que l'aménagement des centrales La Grande-2-A et La Grande-1 n'avait pas eu d'effet négatif sur les herbiers.

En 1998, la zostère marine a connu un dépérissement soudain et à grande échelle sur l'ensemble de la côte est de la baie James, bien au-delà des secteurs soumis à l'influence du panache d'eau douce de la Grande Rivière. Plusieurs facteurs physicochimiques pourraient avoir contribué à ce dépérissement mais, à ce jour, la communauté scientifique n'est arrivée à aucun consensus. Depuis 1999, les différents suivis indiquent que la zostère se porte mieux, et année après année, son rétablissement se poursuit. Toutefois, sa répartition et son abondance le long de la côte n'ont pas encore atteint l'ampleur qu'elles avaient avant le déclin de 1998. Nous poursuivons des travaux avec d'autres partenaires pour mieux comprendre la situation.

Nous vous invitons à visiter le bilan des activités environnementales du complexe de la Romaine ainsi que la section Documentation spécialisée de notre site Web pour davantage de précisions.

www.hydroquebec.com/romaine/documents/bilans/
www.hydroquebec.com/developpement-durable/centre-documentation/

Les titres de la collection

Faire l'amour
Anne-Marie Olivier
P01 – 2014

26 lettres
Abécédaire des mots en perte de sens
Collectif sous la direction d'Olivier Choinière
P02 – 2014

S'appartenir(e)
Joséphine Bacon, Marjolaine Beauchamp, Véronique Côté, France Daigle, Rébecca Déraspe, Emmanuelle Jimenez, Catherine Léger et Anne-Marie Olivier
P03 – 2015

J'ai perdu mon mari
Catherine Léger
P04 – 2015

Le dénominateur commun
François Archambault et Emmanuelle Jimenez
P05 – 2015

La fête sauvage
Collectif sous la direction de Véronique Côté
P06 – 2015

Unité modèle
Guillaume Corbeil
P07 – 2016

Animaux
Alexis Martin
P08 – 2016

Nous reprendrons tout ça demain
Evelyne de la Chenelière
Justin Laramée
P09 – 2016

La cartomancie du territoire
Philippe Ducros
P10 – 2016

Manifeste de la Jeune-Fille
Olivier Choinière
P11 – 2017

Gamètes
Rébecca Déraspe
P12 – 2017

J'aime Hydro
Christine Beaulieu
P13 – 2017

FAIRE L'AMOUR ANNE-MARIE OLIVIER	 **LE DÉNOMINATEUR COMMUN** FRANÇOIS ARCHAMBAULT EMMANUELLE JIMENEZ	 **NOUS REPRENDRONS TOUT ÇA DEMAIN** EVELYNE DE LA CHENELIÈRE JUSTIN LARAMÉE	 **J'AIME HYDRO** CHRISTINE BEAULIEU
 **26 LETTRES** ABÉCÉDAIRE DES MOTS EN PERTE DE SENS OLIVIER CHOINIÈRE ET UN COLLECTIF D'AUTEURS	 **LA FÊTE SAUVAGE** VÉRONIQUE CÔTÉ ET UN COLLECTIF D'AUTEURS	 **LA CARTOMANCIE DU TERRITOIRE** PHILIPPE DUCROS	
 **S'APPARTENIR(E)** JOSÉPHINE BACON MARJOLAINE BEAUCHAMP VÉRONIQUE CÔTÉ FRANCE DAIGLE RÉBECCA DÉRASPE EMMANUELLE JIMENEZ CATHERINE LÉGER ANNE-MARIE OLIVIER	 **UNITÉ MODÈLE** GUILLAUME CORBEIL	 **MANIFESTE DE LA JEUNE-FILLE** OLIVIER CHOINIÈRE	
 **J'AI PERDU MON MARI** CATHERINE LÉGER	 **ANIMAUX** ALEXIS MARTIN	 **GAMÈTES** RÉBECCA DÉRASPE	

Achevé d'imprimer par Deschamps impression
à Québec, en février 2018.

Ce livre a été imprimé sur du papier Lynx, fabriqué au Québec
par Domtar, certifié FSC® et Rainforest Alliance.